W0197215

Dr. Alfred J. Bierach

In Gesichtern lesen

Menschenkenntnis auf den ersten Blick

WILHELM HEYNE VERLAG
MÜNCHEN

HEYNE RATGEBER
08/9406

Copyright © 1990 by Ariston Verlag, Genf
Genehmigte Taschenbuchausgabe erschienen
im Wilhelm Heyne Verlag GmbH & Co. KG, München
Printed in Germany 1992
Umschlaggestaltung: Atelier Adolf Bachmann, Reischach
Umschlagfotos: action press, Hamburg (4);
Archiv für Kunst und Geschichte, Berlin (2); dpa, Frankfurt (2)
Zeichnungen: Gert Hoor, Hohenems/Vorarlberg
Satz: Kort Satz GmbH, München
Druck und Bindung: Presse-Druck Augsburg

ISBN 3-453-05438-5

Inhalt

3. Einzelporträts

In Gesichtern lesen

Das Gesicht ist unser wichtigstes Kommunikationsorgan, obendrein jenes, das wir gewöhnlich nur bei Telefongesprächen verstecken können. In unserem Gesicht sind die Fähigkeiten des Sehens, Hörens, Riechens und Schmeckens in Gestalt der betreffenden Sinnesorgane angesiedelt.

Schon in den ersten Stunden nach der Geburt tasten Säuglinge mit den Lippen, zu einer Zeit also, da die übrigen Kommunikationsmittel noch nicht einsatzbereit sind. Und mit keinem anderen Teil seines Körpers drückt der Mensch so stark sein Denken und Fühlen aus wie mit seinem Antlitz.

Wenn Kleinkinder zur körperlichen Sauberkeit erzogen werden, verstehen sie zwar noch nicht die Sprache ihrer Bezugspersonen, aber sie können bereits in deren Gesichtern Wohlwollen oder Ablehnung erkennen, beispielsweise wenn sie etwas gemacht haben, das keine Billigung findet. Und sie ändern sich dann in dem Maße, wie ihnen das die wachsende Kontrolle über die Schließmuskeln des Körpers erlaubt.

Jüngste Ergebnisse der Gehirnforschung erbrachten: In unserer rechten Gehirnhälfte läßt sich ein Bereich lokalisieren, der auf das Erkennen von Gesichtern spezialisiert ist – eine für unser Überleben wichtige Fähigkeit, denn das Gesicht ist der sichtbare Spiegel unserer Gefühle, und in sehr frühen Zeiten war es für uns Menschen oft lebensentscheidend, schnell zu erfahren, wie uns ein anderer gesinnt war. So entwickelte sich das Gesicht zum Erkennungssignal.

Auch wenn wir die Sprache eines Menschen nicht verstehen, können wir sie doch bruchstückhaft sehr oft an seinem Gesicht ablesen. Schwerhörige und Taube orientieren sich durch die Beobachtung des Gesichts über akustisch für sie unklare Botschaften.

Im Sinn blitzschneller Entscheidungszwänge erlaubt uns ein *unbewußt arbeitender Analysenmechanismus,* in Bruchteilen von Sekunden ein Gesicht zu interpretieren und auch noch flüchtigste Einstellungen von einer Zehntelsekunde wahrzunehmen – eine Fähigkeit, die man freilich trainieren muß, die aber schneller erworben werden kann, als gemeinhin angenommen wird.

Mit geringen Einschränkungen ist das Vermögen, in Gesichtern zu lesen, weltweit verbreitet: Wurden Filme, die Freude, Ekel oder Ängste auslösen, Japanern vorgeführt, zeigten diese den gleichen Gesichtsausdruck wie etwa Nordamerikaner – allerdings nur, wenn sie sich unbeobachtet fühlten, sich also in einem verdunkelten Raum aufhielten, ohne zu wissen, daß auf sie eine versteckte Kamera gerichtet war. In der Gruppe jedoch beherrschten sie ihr Gesicht mit der sprichwörtlichen japanischen Disziplin. Freilich verrieten andere Zeichen der Körpersprache (so etwa die Bewegung der Hände), die Messung der Hautfeuchtigkeit oder die im EKG registrierte Herzschlagfolge, ›wie's drinnen aussieht‹.

Wenn nach Konfuzius Menschenkenntnis das Wesen der Weisheit ausmacht, dann kommt der Fähigkeit, in Gesichtern zu lesen, eine überragende Bedeutung zu: Das Gesicht sagt meist mehr und oft anderes als die Zunge, und es läßt den ausgebildeten, einfühlsamen Deuter mit ziemlicher Wahrscheinlichkeit schon heute voraussagen, was der Mund in Jahren einmal an Lebenseinstellung äußern wird.

Damit haben wir die drei Interessenssphären des Gesichterlesens umrissen:

1. Was verrät mir der *momentane* Gesichtsausdruck? Denkt und empfindet mein Gegenüber das, was er oder sie sagt? Und ist dieser Mensch sich über sich selbst im klaren, was bei weitem seltener der Fall ist, als angenommen wird?
2. Was verrät mir der *habituelle* Gesichtsausdruck, der vorherrschende, der übliche, der alltägliche – also jener, der etwas Wesentliches über den Charakter und die Gemütsfähigkeit eines Menschen aussagt? Und schließlich:
3. Welche Erscheinungen in einem Gesicht verraten bereits jetzt, wie dessen *zukünftiger* Ausdruck einmal sein wird? Wenn gemeinhin das Gesicht als Spiegel der Seele gilt, dann kann ein verständiger Gesichtsinterpret schon aus beginnenden Ansätzen lesen, in welcher Richtung sich die Psyche eines Menschen in den nächsten Jahren umstrukturieren wird, von einschneidenden Krankheiten einmal abgesehen.

An der Atelierwand eines bekannten Malers hing ein Porträt seiner beiden Kinder im Alter von etwa acht und zehn Jahren. Als ein Besucher den Künstler fragte, wann das Bild entstanden sei, schaute dieser überlegend in die Luft. »Vor einem halben Jahr?« vermutete der Besucher.

Der Künstler lachte: »Mindestens schon vor sechs Jahren.«

»Wie konntest du damals wissen, wie deine Kinder einmal im Volksschulalter aussehen werden?«

»Das ist das mindeste, was ein Porträtist können muß.«

Derselbe Künstler zeichnete einen dreißig Jahre alten Bekannten als Mann von sechzig. Als sich der Dargestellte dann diesem Alter näherte, glich er dem Porträt so sehr, als wäre dieses erst gestern gemalt worden.

Aufnahmen von embryonalen Köpfen verraten bereits Grundformen, die sich ein Leben lang nicht mehr ändern. Und hier zeigt sich ein erster Zusammenhang zwischen Kopf, Gesicht und Charakter: Wie der bekannte amerikanische Kinderarzt Dr. med. Berry Brazelton neulich in seinem Buch ›*Infants and Mothers*‹ feststellte, werden Babys bereits mit ausgeprägten Persönlichkeitsmerkmalen geboren.

Jüngsten Datums ist auch die an der University of Illinois in Chicago praktizierte Technik, Kinderphotos mit Hilfe einer computergesteuerten Apparatur in Bilder von Halbwüchsigen und Erwachsenen zu verwandeln. Nicht als wissenschaftliche Spielerei, sondern um der Polizei Hinweise zu geben, wie vor Jahren entführte Kinder jetzt aussehen könnten. Dabei ändern die Wissenschaftler neununddreißig Parameter im Gesicht: beispielsweise die Länge der Nase, die Weite des Mundes und den Abstand der Augen und so weiter.

Ab dem fünfundzwanzigsten Lebensjahr ist dann die Knochenstruktur im wesentlichen ausgebildet. Nun aber prägen Lebenseinstellung, Lebensführung, Gedanken und dominierende Gefühle das Gesicht, kurzum: jene Kräfte, die mit dem Begriff Charakter in Verbindung gebracht werden. Wenngleich niemand für seinen Charakter verantwortlich gemacht werden kann, sondern nur für sein Verhalten, so entstand doch das Wort, daß ab dem dreißigsten Lebensjahr jeder für sein Gesicht verantwortlich sei.

Dichter und Schriftsteller haben schon immer die Gesichter ihrer Heldinnen und Helden detailliert beschrieben, sozusagen als Teil des Ganzen, so wie Maler und Bildhauer Persönlichkeiten hinreichend dargestellt glauben, wenn sie deren Kopf wiedergeben, nicht aber beispielsweise deren Hände oder Knie. Wahrscheinlich weiß sich der Künstler noch stärker im Recht als der Philister, wenn er von Gesichtern auf Gedanken, Empfindungen, Gefühle schließt.

Nur ein paar Kostproben aus der Literatur:

Lady Macbeth sagt zu ihrem Mann: »Dein Angesicht, mein Than, ist wie ein Buch, wo Leute wundersame Dinge lesen.« An anderer Stelle will William Shakespeare einer Person alles verzeihen, nur nicht ihr Gesicht.

Der ›Photograph‹ unter den französischen Romanschrift-stellern, der große Naturalist Gustave Flaubert, spricht eben-falls vom Gesicht als dem Beispiel der Seele, fährt aber dann fort: »...also gibt es Menschen, deren Seele recht häßlich ist.«

Und der Philosoph Arthur Schopenhauer nennt das Ge-sicht die ›Visitenkarte des Geistes‹.

Ganz auf das Intuitive der Menschenkenntnis hebt der Ma-thematiker und Aphoristiker Georg Christoph Lichtenberg ab, wenn er meint, diese sei eine einfache Kunst. Man müsse sich nur selbst kennen. Alles andere sei Widerspiegelung. Und wer sein Gesicht zu lesen verstünde, könne auch die Ge-sichter der anderen entziffern.

> »Nichts ist drinnen, nichts ist draußen
> Denn was innen ist, ist außen.«

Als Goethe dies schrieb, konnte er nicht wissen, wie sehr ihm einmal die Naturwissenschaften, vor allem die Ausdrucks-psychologie, zustimmen würden.

Wie sehr die Menschen die Fähigkeit beschäftigt, mit einem Blick Gesichter zu lesen, zu enträtseln, zu deuten, beweist die Fülle von Faustregeln, mit denen seit Jahrtausen-den scheinbar Gutmeinende die Suchenden beglücken wollen.

Von den vielen bös- oder gutgläubigen Lehren zum Thema Menschenkenntnis ist die chinesische Methode *Siang Mien* wahrscheinlich nicht mehr zu übertreffen. Übersetzt soll diese zweitausend Jahre alte Technik ›Lesen des Schicksals aus dem Gesichtsausdruck‹ heißen. Da blickt ein Anhänger dieser Zauberlehre in den Spiegel und weiß sofort, »ob ihm ein gutes oder schlechtes Schicksal winkt« (Lailan Young, ›Was Gesichter verraten – Chinesische Physiognomik‹, Frankfurt/Main – Berlin 1983, 1987). Kein Wunder dann, daß auch kleinste Muttermale im Antlitz Einfluß auf Charakter und Schicksal haben. Welche Jahre einem besonders angenehm oder bitter werden, verraten einzelne ›Jahresfelder‹. Wessen Zähne lang geraten sind, wird sich eines hohen Alters erfreuen, und Eigentümer eines regelmäßigen Gebisses lernen schneller, so daß eigentlich anzunehmen ist, nur Kurzzähnige glauben an Siang Mien. Menschen mit ausgeprägten Augensäcken sollen übrigens »aufgeweckte und intelligente Kinder haben oder haben können, die allerdings zur Bosheit neigen«.

Wenngleich wir Abendländer das Pulver nicht erfunden haben, stehen wir doch in der Erfindung fragwürdiger Weisheiten den Chinesen in nichts nach. Allerdings stammt die europäische Schädelkunde *(Phrenologie)* erst aus dem achtzehnten Jahrhundert nach Christus, ist also, verglichen mit der Siang-Mien-Lehre, ein Produkt des Zeitalters der Aufklärung. Ihr Begründer, der Schweizer Pfarrer Johann Kaspar Lavater, sah in Schädeleigentümlichkeiten den Ausdruck besonderer Begabungen und Veranlagungen nicht nur des Geistes, sondern auch des Charakters. Lavater war ein hingebungsvoller Bewunderer Goethes, des genialen Menschen schlechthin. Er schloß von dessen Kopfproportionen und diversen Stirndellen und -hügeln auf den Rest der Menschheit.

Dieser und vielen Nachfolgelehren liegen volkstümliche Erklärungen zugrunde (so etwa die des deutschen Arztes Franz Joseph Gall, 1758 – 1828). Das Gehirn ist der Sitz des Denkens. Viel Gehirn bedeutet also entsprechende Intelligenz. Ein großes Gehirn brauche Platz. Eine hohe und eine breite Stirn lasse auf viel Gehirn schließen, also... Demnach müßten Frauen mit ihrem um etwa ein Fünftel leichteren Gehirn für immer und ewig den Männern geistig unterlegen sein! Also – da kann doch etwas nicht stimmen!

Menschen mit schmalen Lippen seien beherrschter. Das stimmt schon: Wenn ein Mensch sich anstrengt, zieht er oft die Lippen ein und läßt sie dadurch auf die Dauer nicht gerade fülliger werden. Aber auch Menschen, die sich ärgern, spannen solchermaßen die Lippen mit der gleichen Langzeitfolge an. Wiederum sind welche, die sich oft ärgern, allerdings nicht immer sehr beherrscht. Also was?

Ein weiteres Beispiel solcher Volksweisheiten: Die Lippen von sexuell erregten Menschen werden praller. Das stimmt. Also würden volle Lippen auf Sinnlichkeit deuten. Das stimmt nicht.

Nicht weil ein kaiserliches Verbot der Phrenologie ein offizielles Ende bereitete, wird sie heute von Fachleuten nur noch als eine Episode belächelt: Sie erledigte sich selbst durch phantastische Ungereimtheiten – was nicht heißt, daß doch immer wieder Schädelgeometer mit Lineal und Zirkel auftreten.

Allerdings wurden die Phrenologen die Begründer der Lokalisationstheorie, da sie erkannt hatten, daß bestimmte Areale im Gehirn für bestimmte Fähigkeiten zuständig sind.

Andere Schädelinterpreten kombinieren einige persönliche Vermutungen mit der Stimme des Volkes. So rühmt in einem Buch von 464 Seiten der Verfasser, daß Menschen mit blauen Augen ›mildherzig‹ und friedlich seien, ohne zu bedenken, daß Friedrich II. (der Große) und Adolf Hitler, zwei der aggressivsten Gestalten der deutschen Geschichte, Irisfärbungen von himmlischstem Blau ihr eigen nannten. Schwarze Augen weisen angeblich auf Tatkraft hin, braune auf verinnerlichte Leidenschaftlichkeit und dergleichen mehr. Da wird es Sie dann nicht wundern, daß solchen Menschenkennern Einsichten über Intelligenz und Charakter auch aus der Länge der Beine, der Beschaffenheit der Knie, der Augenbrauen oder der Ohrläppchen zuteil werden. Natürlich fehlen auch nicht jene, die das jeweilige Sternzeichen mit dem Aussehen in Zusammenhang bringen.

Ernster zu nehmen sind die Lehren von den *Konstitutionstypen,* wie sie Ernst Kretschmer und William Herbert Sheldon als ideelle Zusammenfassung psychisch-physischer Merkmale erarbeitet haben. Aber selbst wenn diese Ergebnisse allgemein bindend wären, würden sie uns wenig bei der Kunst des Gesichterlesens helfen. Sie interessieren eher den diagnostizierenden Arzt, vorwiegend den Psychiater.

Spätestens jetzt werden Sie sich fragen, woran man sich dann überhaupt noch halten kann. Die Antwort: an das reproduzierbare Experiment. Wenn ein musikalisches Genie wie Wolfgang Amadeus Mozart keinen ›musikalischen Hinterkopf‹ aufweisen konnte, dann erledigt das reproduzierbare Experiment die Mär von ebendiesem. Dem reproduzierbaren Experiment müssen Gesetze oder zumindest Gesetzmäßigkeiten (Ein Gesetz gilt ausnahmslos, beispielsweise die Anziehungskraft von Masse. Eine Gesetzmäßigkeit jedoch kennt begründbare Ausnahmen: So kann etwa bei ablandigem Wind die Flut ausbleiben) zugrunde liegen, die garantieren, daß bei gleicher Versuchsanordnung die gleichen Resultate zu erwarten sind. In dieser Hinsicht verdanken wir sehr viel den Forschungsergebnissen von Professor Paul Ekman und seinen Mitarbeitern an der University of California in San Francisco und den Beobachtungen von John Grinder und Richard Bandler über die Augenbewegungen im besonderen, aber auch über Kongruenz und Inkongruenz im Gesichtsausdruck. Und schließlich können wir uns auf den universell menschlichen Analysemechanismus berufen, der mit der gleichen Zuverlässigkeit funktioniert wie der Patellarreflex, wenn das Hämmerchen des Arztes die Sehne des *Musculus quadriceps femoris* unterhalb der Kniescheibe trifft.

Nehmen wir an, Sie lernen einen Mann von fünfzig Jahren kennen, der nach zwanzigjähriger Forschung eine chemische Substanz entdeckt hat, die inzwischen als Arzneimittel Millionen von Menschen hilft. Nebenher spielt dieser Wissenschaftler als Klarinettist in einem anspruchsvollen Amateur-Symphonieorchester, unternimmt an den Wochenenden mit seiner gesamten Familie Bergtouren vom Schwierigkeitsgrad drei bis vier und ist außerdem Schöffe am Schwurgericht seiner Vaterstadt. Der Mann ist kleinwüchsig, schlank, drahtig und trägt eine starke Brille. Sie wissen nicht, ob er religiös ist, ob er nur der Form halber in die Kirche geht, ob er häufig zu wissenschaftlichen Kongressen fährt, dort Vorträge hält – und wenn, wie er als Redner wirkt. Aber Sie können aus seiner Lebensgeschichte wesentliche Schlüsse ziehen. Der Mann wird wahrscheinlich Chemie, Biochemie, Pharmazie, Pharmakologie oder Medizin studiert haben, vielleicht sogar zwei dieser Disziplinen. Er wird gut bis sehr gut verdienen, ob als Angestellter (Erfindervergütung) oder als Unternehmer. Er wird schon lange musizieren, sonst könnte er nicht ein schwieriges Instrument in einem Symphonieorchester spielen. Er wird üben müssen und Fachliteratur in seiner Freizeit lesen, also wahrscheinlich wenig Zeit für andere Lektüre, Krimis und ähnliches, haben. Er wird... Und da seine Frau und seine Kinder mit ihm auf schwierige Bergtouren gehen, können wir auch von dieser Tatsache einiges ableiten, etwa über die Bedeutungen von Rauchen, Rauschgift, Sportlichkeit, Alter, Mut, Ausdauer und dergleichen mehr.

Wir haben also aus den Tatsachen seines Lebens einige wohlbegründete Schlußfolgerungen abgeleitet. Dabei haben wir uns an Gewißheiten (Erfinder, Bergtouren, verheiratet, Kinder, Musiker, Schöffe) und an Plausibilitäten gehalten (Klarinette üben, musikalisch sein, wissenschaftliche Literatur studieren, wenig Zeit für andere Unterhaltungen).

Wie jedes Leben eine Geschichte hat, aus der wir einiges über den betreffenden Menschen erfahren können, so hat auch jedes Gesicht seine Geschichte, die wir lesen und interpretieren können.

Die Entwicklung eines Gesichts hört nie auf. Es finden immer Veränderungen statt – eine *Metamorphose* –, und aus dieser Metamorphose können wir Rückschlüsse auf die

Persönlichkeit ziehen. Das ist das Thema der *Morphopsychologie,* die auf die beiden französischen Ärzte Claude Sigaud und Louis Corman zurückgeht.

Als unsere Vorfahren von den Bäumen steigen mußten, weil durch einen Klimawechsel die Urwälder der Savanne Platz machten, konnten sie nur überleben, indem sie eher listiger wurden als jene Tiere, denen sie nun Lebensraum streitig machen mußten, und denen sie an Schnelligkeit, Kraft, Gebiß und Miniertechniken weit unterlegen waren. Aber mit seiner List erwarb der Mensch auch die Fähigkeit zur fast perfekten Verstellung.

Darin brachte er es so weit, daß er sich am Ende oft selbst betrügt, indem er Unangenehmes gern verdrängt und sich verkennt. Er hat zwei die Wirklichkeit verfälschende Mechanismen entwickelt: den *Haloeffekt* und die *selektive Auswahl.*

Der Haloeffekt beschreibt die Tendenz eines Beurteilers, sich vom Gesamteindruck oder einer hervorstechenden Eigenschaft der zu analysierenden Person leiten zu lassen: Macht jemand auf mich einen ›guten‹ Gesamteindruck, beurteile ich seine störenden Eigenschaften milder als bei einem weniger positiven Gesamteindruck. Suche ich einen Mitarbeiter mit stark ausgeprägtem Teamgeist und glaube, einen solchen Menschen gefunden zu haben, dann übersehe ich unbewußt gern Negativa, die nichts oder wenig mit seinen Fähigkeiten bezüglich Teamgeist zu tun haben.

Zweitens bevorzugen wir Eigenschaften, die wir selbst haben, auch bei anderen und finden eher ein entschuldigendes Wort, wenn wir bei ihnen Schwächen entdecken, die auch uns zu schaffen machen.

Wegen des Umfangs und der Vielfalt der Reize, die auf uns ständig einströmen, ist unsere Wahrnehmung *selektiv.* Wir sehen, hören und fühlen viel eher etwas, was auch schon früher für uns von Bedeutung war, und damit können uns viele, neuartige Erfahrungswerte entgehen. Außerdem sehen und hören wir bevorzugt, was wir sehen und hören wollen, oder was wir zu sehen und zu hören erwarten.

Und schließlich *projizieren* wir unsere eigenen Wünsche und Befürchtungen gern in andere Personen. Johann Nepomuk Nestroy brachte die Antiprojektion auf die klassische Formel: »Ich hab' von mir und den anderen immer nur das Schlechteste gehalten, und ich hab' mich ganz selten getäuscht.«

1

Einzelzeichen

Lügen im Gesicht

Wahrscheinlich haben Sie auch schon häufiger aus Höflichkeit gelächelt oder gelacht, auch wenn Ihnen nicht danach
zumute war: wenn Sie sich beispielsweise einen Witz zum
wiederholten Male anhören mußten. Oder Sie erzählten
selbst eine Geschichte und merkten bei der Pointe, welchem
der Zuhörer sie bereits bekannt war, selbst wenn seine Reaktion darauf immer noch beachtlich ausgefallen sein sollte. In
beiden Fällen war das Lächeln oder das Lachen unehrlich.
Aus Gründen der Einfachheit wollen wir hier die Äußerung
einer nicht gefühlten Emotion verlogen nennen. Das gleiche
gilt für Gefühle.

Unter *Empfindung* versteht der Psychologe die Erregung,
die über Nervenfasern zum Gehirn gelenkt wird. Auch *Reflexe*
zählen zu den Empfindungen. *Affekte* sind kurze Gefühlszu-
stände, die mehr oder weniger heftig auftreten und von körperlichen Erscheinungen begleitet werden, beispielsweise
der Schreck. *Gefühle* sind Seelenzustände, die länger als
Affekte dauern, stabiler und weniger intensiv ausfallen, etwa
Scham oder Stolz. *Leidenschaften* dauern länger als Gefühle
und sind ähnlich heftig wie Affekte.

Wenngleich das Wort Lüge in unserem Kulturkreis einen
sehr negativen Beigeschmack hat, so wollen wir es trotzdem

hier verwenden, auch wenn uns ethische Gründe zum Schauspielern veranlassen. Dies ist zum Beispiel der Fall, wenn uns die Ausführungen eines Gesprächspartners langweilen, wir aber aus Höflichkeit Interesse vorspielen. Wir schauen dann den Sprecher intensiv an, machen entweder große, erstaunte Augen oder verkleinern sie, als wollten wir äußern: »Ja, was Sie nicht sagen! Das darf doch nicht wahr sein!« Wird so eine Mimik über längere Zeit durchgehalten, besteht die große Möglichkeit, daß sie nicht erfühlt ist, selbst wenn der Schauspieler auch noch den Mund leicht öffnet, was betonen soll, wie sehr er von der Mitteilung fasziniert ist. Wir tun dann gut daran, auf die *Atmung* der Erstaunten zu achten. Höhere Säugetiere halten die Atmung an, wenn sie etwas für sie sehr Wichtiges vernehmen oder besonders scharf hören wollen. Schaut mich also jemand mit einem interessierten Gesicht über zehn, zwanzig Sekunden oder noch länger an, atmet aber ruhig und zügig weiter, darf ich vermuten, daß die Aufmerksamkeit gespielt ist.

In diesem Zusammenhang lassen wir ferner den Unterschied zwischen Lügen und Verheimlichen unberücksichtigt. Wer lügt, vermittelt der Wirklichkeit nicht entsprechende Botschaften, wer verheimlicht, verschweigt die Wahrheit.

Lügen ist ein aktiver Vorgang, Verheimlichen ein passiver. Nur einem Soziopathen bereitet das Lügen um des Lügens willen so viel Spaß, daß er sich dabei nicht anstrengen muß. Zu lügen fällt ihm so leicht, wie einem anderen, unkompromittierende Wahrheiten zu sagen. Den Nichtsoziopathen dagegen strengt das Lügen an, und dies ist ihm in der Mehrzahl der Fälle vom Gesicht abzulesen.

Je mehr auf dem Spiel steht, desto größere Anstrengungen unternehmen wir beim Lügen. Diese Anstrengungen übersetzen sich in Erregungszustände des Zentralnervensystems und in Unsicherheiten, die wir meist erkennen. Bei einem scharfäugigen Gegenüber fällt uns das Lügen schwerer als bei einem arglosen Charakter. Müssen wir plötzlich und unvorbereitet lügen, ziehen wir uns weniger leicht aus der Affäre, als wenn wir die Not zum Lügen vorhersehen konnten. Schon tausendmal hatten wir Gelegenheit, einen flüchtigen Gruß mit einem Lächeln zu begleiten: Wir sind also darin so geübt und stets darauf vorbereitet, daß dieses Grußlächeln überzeugend ausfällt, selbst wenn wir dabei keine besonders angenehmen Emotionen verspüren.

Wie schwer ist es aber, auf Anhieb überzeugend traurig oder zornig oder enttäuscht zu wirken!

Teilen wir mit jemand Grundwerte, so etwa mit einem Freund oder einem Verwandten, dann strengt uns das Lügen mehr an, als wenn wir einem Feind die Unwahrheit sagen. Deswegen *lügen wir einem Freund weniger gekonnt und leichter entdeckbar* ins Gesicht als einem Feind. Diese Anstrengung ist in der Mehrzahl der Fälle zu erkennen.

Da wir beim Verheimlichen passiv bleiben, müssen wir uns dabei nicht besonders anstrengen. Daher ist es *leichter, etwas zu verheimlichen, als zu lügen.*

Echte Gefühle kündigen sich im Gesicht vor den Worten an, falsche Gefühle stellen sich erst mit den Worten oder noch später ein.

Als typisch unechtes Gefühl gilt das ›Kaufmannslächeln‹: Man erblickt jemand, dem man Sympathie signalisieren muß, und produziert sofort ein Lächeln, das schlagartig einsetzt, aber genauso schlagartig erlischt. Ein *echtes Gefühl* kündigt sich im Gesicht nicht nur vor den Worten an, sondern es *klingt nach* wie eine angeschlagene Glocke.

Bei einem gefühlten Lächeln oder Lachen werden die Lippen zu einem breiten U nach oben gezogen und auch die Wangen angehoben, so daß sich ›Krähenfüße‹ um die Augen bilden. Dabei ziehen wir die Augenbrauen und die Oberlider nach unten, wobei sich die Augen verkleinern. Am besten können Sie *unehrliches Lächeln oder Lachen* in Illustrierten oder beim Fernsehen studieren. Natürlich wollen die Stars des Showbusiness, der Wirtschaft und der Politik nicht mit einem Froschmaul, Krähenfüßen und kleinen Augen abgebildet werden, weswegen sie meist nur mit den Zähnen lachen, ihre Augen weit offen halten und nicht wie bei natürlichem Lachen die oberen Augenlider nach unten ziehen.

Verschlagene Menschen müssen sehr oft auf Prügel in der Kindheit zurückblicken und konnten sich damals nur durch Lügen vor weiteren Mißhandlungen schützen. So wurden sie schon frühzeitig Meister in der Kunst der Verstellung. Zwei einschlägige Exemplare von historischer Bedeutung sind Friedrich der Große und Hitler, die beide unter überstrengen Vätern gelitten hatten und dann später mit ihrer Verschlagenheit brillierten. Deswegen gelang es ihnen immer wieder, auch kluge Zeitgenossen hinters Licht zu führen, indem sie mit größter Seelenruhe zu lügen verstanden – so etwa, als Hitler noch kurz vor Ausbruch des Zweiten Weltkrieges Arthur Neville Chamberlain von seiner tiefen Friedensliebe überzeugte.

Dem scharfen Beobachter entgeht aber selbst ein sehr gewiefter Lügner kaum. Filmaufnahmen mit sehr langsam laufender Wiedergabe haben bewiesen: Oft huscht die Wahrheit eine Zehntelsekunde lang übers Gesicht, erst dann setzt die Korrektur ein. Keine Garantie für Wahrheit ist es, wenn Ihnen jemand ruhigen Blicks in die Augen schaut. Ein Blick in die Augen fällt jedem Lügner leicht und verlangt nicht mehr Anstrengung als die Unterdrückung eines Blinzelns.

Es gibt aber eine Anzahl von Erscheinungen im Gesicht, die autonom erfolgen, also unserem Willen nicht unterworfen sind. So vergrößern sich unsere Pupillen bei Erregung, gleichgültig, ob es sich dabei um Freude über etwas oder um die Angst des Lügners vor Entdeckung handelt. Und diese Pupillenveränderung ist über den Tisch hinweg bei guten Lichtverhältnissen zu entdecken. Allerdings sei sofort hinzugefügt: Die Angst einer ehrlichen Person, für einen Lügner gehalten zu werden, kann ebenfalls die Pupillen erweitern.

Übrigens, Babys haben größere Pupillen als Erwachsene, weswegen uns Kinderaugen oft so faszinieren. Diese größeren Pupillen machen uns das Kleinkind besonders sympathisch und lösen so eine Schutzfunktion für die jungen Erdenbürger (›Kindchenschema‹) aus.

Zuverlässiger als die Pupillenerweiterung ist folgendes Anzeichen für eine mögliche Lüge: *Wollen wir unechte Gefühle in unser Gesicht spiegeln, verziehen wir es fast immer asymmetrisch.* Dann unterscheidet sich eine Gesichtshälfte von der anderen.

Einige solcher verräterischen Zeichen: Wir ziehen den Mund schief; ein Auge ist größer als das andere; die Stirnfalten verteilen sich asymmetrisch; wir sehen auf einer Seite ›süßer‹, trauriger, erschütterter aus als auf der anderen. *Auch Reaktionen, die länger als fünf bis sieben Sekunden dauern, deuten auf nichterlebte Gefühle,* also unter Umständen auch auf Lügen, *hin.*

Ein *verächtliches Lachen* ist in unserem Sinn ebenfalls eine Lüge: Wenn wir so lachen, verspüren wir nicht den Zwang dazu, sondern wir überspielen damit andere Gefühle. Stellen Sie sich vor, jemand kündigt an, er werde Ihnen nun etwas sehr Imposantes zeigen. Was Sie dann aber zu sehen bekommen, beeindruckt Sie keinesfalls, sondern läßt Sie ausrufen: »Na, das soll auch etwas sein!« Sprechen Sie einmal dieses Sätzchen lächelnd aus, und Sie werden spüren, wie Sie Ihre Mundwinkel anspannen, vielleicht sogar derart, daß sich Grübchen auf Ihren Wangen bilden.

Ziehen wir bei einem herzhaften Lachen die Mundwinkel nach oben und die Augenbrauen nach unten, so verursacht ein *Lächeln der Angst* ganz andere Muskelbewegungen: Wir ziehen die Augenbrauen hoch und die Lippen in Richtung auf die Ohren. So ein Angstlächeln könnte die Mitteilung

Ihres Zahnarztes verursachen, er werde Ihnen nun gleich eine Injektion geben, weil er einen kräftigen Backenzahn ziehen müsse.

Überraschung und Entsetzen sind leicht zu spielen: Bei Überraschung reißen wir nur die Augen auf; bei Entsetzen, also der Kombination von Überraschung und Angst, ziehen wir zusätzlich auch noch die Stirn in Falten. Diese Gefühle sind echt, setzen sie sofort ein. Spielen wir sie nur, benötigen wir einen längeren Anlauf.

Wie schnell oder lange es dauert, bis wir uns verstellen können, beweist unsere Reaktion auf die Detonation eines wirklichen Schusses und auf die eines vorgestellten. Ein echter Schuß löst innerhalb einer Zehntelsekunde eine Schreckreaktion aus.

Betrachtet aber jemand eine Stoppuhr und soll beim Beginn einer bestimmten Sekunde erschrecken, schafft er in so kurzer Zeit keine Schreckreaktion. Somit verrät er sich.

Wie schwer es fällt, Gefühle der *Trauer* und des *Leids* zu spielen, zeigt sich nirgends besser als bei einer Beerdigung. Sind wir wirklich traurig, ziehen wir die Innenseite der Augenbrauen nach oben und bilden somit Falten in der Stirnmitte. Aber nur sehr wenige Menschen vermögen diesen Gesichtsausdruck zu spielen. Der Traurigkeit fühlende Mensch zieht ganz unbewußt die Mundwinkel nach unten, ohne dabei die Kinnmuskeln zu bewegen.

Wollen wir dagegen Traurigkeit imitieren und die Mundwinkel in eine entsprechende Mundstellung bringen, bewegen wir die Kinnmuskeln und schieben meist auch noch die Kinnspitze nach vorne.

Während es auch einem schauspielerisch wenig begabten Menschen gelingt, die Augen aufzureißen und die Stirn in Falten zu legen, versagt selbst ein großer Mime, soll er *Angst* und *Schuldgefühle* imitieren. In diesem Zustand ziehen wir die Innenseite der Augenbrauen hoch, lassen aber den Rest des Gesichts in Ruhe – ein Muskelspiel, das wir nicht willentlich nachvollziehen können.

Bei *Ärger* ziehen wir die Augenbrauen nach unten und pressen gern die Lippen zusammen. Manchmal führen unsere Kiefer zusätzlich leichte Kaubewegungen aus, oder es spannen sich unsere Wangenmuskeln an. Dieser Gesichtsausdruck ist ziemlich leicht anzunehmen.

Grundsätzlich: Kein einzelnes Zeichen von Lüge ist ein Beweis für Unwahrheit, so wenig wie sein Fehlen einen Beweis für Wahrheit liefert.

Um jemand im Sinn des Gesichterlesens einer Lüge zu zeihen, sollten wir über mehrere Hinweise verfügen: beispielsweise Widersprüche in Worten, in der Stimme und in der übrigen Körpersprache. An anderer Stelle werden Sie mehr darüber erfahren.

Aber vergessen wir nicht: Viele Menschen haben Angewohnheiten, die bei anderen auf Lügen hinweisen würden. Da produziert einer plötzlich Gesten der Verlegenheit, ohne zu lügen. Der Redefluß eines anderen gerät ins Stocken, er macht ungewohnt lange Pausen, oder seine Ausführungen lassen unvermittelt die übliche Präzision vermissen. Das können Hinweise auf Flunkern sein, müssen es aber nicht. Denken Sie an Desdemona. Als sie erfährt, daß ihr Mann Othello bereits Jago gerichtet hat, ist sie entsetzt, aber nicht, weil der angebliche Liebhaber nun tot ist, sondern aus Angst vor ihres Mannes wütender Eifersucht, die sie zu seinem nächsten Opfer machen kann.

Othello aber erblickt im Entsetzen seiner Frau eine Reaktion auf die Nachricht vom Tod Jagos.

Wesentlich besonnener ging Arthur Schopenhauer mit potentiellen Lügnern um – wenigstens theoretisch, denn er empfahl: Ist man der Meinung, daß einer lügt, so verhalte man sich so, als glaube man ihm aufs Wort. Damit wird er ermutigt, noch dreister zu lügen, und er verrät sich schließlich.

Sehr häufig entdecken wir Zeichen von Lüge ganz einfach deswegen nicht, weil wir sie nicht entdecken wollen. Es müßte einem Ehepartner ein leichtes sein, die Untreue des anderen aufzuklären, aber er sieht davon ab, weil er die Folgen fürchtet: Schande, würde er aus seiner Entdeckung keine Konsequenzen ziehen; Ehescheidung mit Trennung von Kindern und Vermögen; Aufgabe liebgewonnener Verhaltensweisen. Also übersieht er Lügensignale, und nicht nur die im Gesicht. Auch wer jahrelang etwas fest geglaubt hat, ganz gleich was, ignoriert gern Hinweise auf die Wahrheit, um nicht vor sich oder anderen bekennen zu müssen, daß er jahrelang einer Phantasieidee auf den Leim gegangen ist.

Daß wir nicht noch handfestere Rezepte für die Entdeckung von lügenden Gesichtern geben können, darauf wies schon vor vier Jahrhunderten Michel de Montaigne hin, als er sagte, die Wahrheit habe nur ein einziges Gesicht, die Kehrseite der Wahrheit jedoch verfüge über hunderttausend Gestalten.

Verräterische Augen

1980 starb der nordamerikanische Mediziner Dr. Milton Erickson, dem seine Kollegen mit für einen Arzt etwas eigenartigen Titeln versehen hatten. Dieser Psychiater verstand so meisterhaft seine Patienten zu beobachten, daß er ›Gedankenleser‹ genannt wurde. Und weil er oft in einer einzigen Sitzung Heilerfolge erzielte, die anderen in monate- und jahrelanger Behandlungszeit versagt geblieben waren, hieß er auch ›der Magier‹. Schließlich brachten ihm seine hypnotischen Fähigkeiten auch noch den Titel ›Doktor Hypnosis‹ ein. Dabei war Erickson alles andere als eine schillernde Persönlichkeit. An diesem äußerst bescheidenen Mann fiel sonst nur noch auf, daß er infolge einer angeborenen Muskelschwäche und einer zweimaligen Kinderlähmung den größten Teil seines Arbeitstags im Rollstuhl sitzen mußte.

Da Erickson lieber Menschen heilte, als Bücher über seine Methoden zu schreiben, unternahmen es neben anderen Richard Bandler und John Grinder, Erickson bei der Arbeit zu studieren und einige seiner ungewöhnlichen Fähigkeiten zu strukturieren. So entdeckten sie unter anderem, daß wir in sechs verschiedene Richtungen schauen, je nachdem, was in unserem Gehirn vor sich geht. Um uns die verschiedenen Blickrichtungen besser erklären zu können, wollen wir uns das menschliche Gedächtnis als eine riesige Bücherwand vorstellen. In dieser Bibliothek legen wir unbewußt Wahrnehmungen unserer fünf Sinne ab. Wenn wir uns an eine dieser Wahrnehmungen erinnern wollen, greifen wir – bildlich gesprochen – zum dafür zuständigen Band und holen uns von dort die Information. Diesen Vorgang kann man unseren Augen ansehen.

Am besten überzeugen Sie sich zuerst einmal selbst über das Registriersystem Ihrer geistigen Ablage:

Stellen Sie sich bitte einmal möglichst genau und ausgeprägt das Gesicht Ihrer Mutter vor und lesen Sie erst weiter, wenn Ihnen dies gelungen ist.

Wahrscheinlich haben Sie dabei nach links oder nach rechts geblickt, und zwar eher nach oben als nach unten. Sollten Sie auf Ihre Blickrichtung nicht geachtet haben, dann wiederholen Sie zwanglos diesen kleinen Versuch. Nehmen wir an, Ihr Blick ging dabei nach rechts oben. Dann versuchen Sie, sich nochmals Ihre Mutter vorzustellen, und nach links zu schauen. Was haben Sie dabei festgestellt? Sie fanden diese zweite Blickrichtung etwas ungewöhnlich.

Nun ein weiterer Versuch: Stellen Sie sich diesmal Ihre Mutter mit einer Punkerfrisur und grünen Haaren vor... Wahrscheinlich haben Sie soeben in die entgegengesetzte Richtung des ersten Versuchs geschaut.

Warum? Wenn Sie aus der Bibliothek Ihres Gedächtnisses das wirkliche Bild Ihrer Mutter abrufen, greifen Sie nach einem anderen Band, als wenn Sie ein nichtexistentes Bild von Ihrer Mutter konstruieren: Das werden Sie wohl müssen, da Ihre Mutter weder eine Punkerfrisur noch grüne Haare haben wird.

Noch ein Versuch: Überlegen Sie sich etwa eine Minute lang, wie Ihr letzter Urlaub verlaufen ist... Wahrscheinlich starrten Ihre Augen nicht auf einen einzigen Punkt, sondern wanderten herum. Sie dachten nach. Sie verglichen, Sie fragten sich, war das so, oder war es so? Tat ich das zuerst oder jenes? *Denken* ist Vergleichen von mehreren gespeicherten Informationen. Probieren Sie es nochmals, indem Sie sich fragen, was Sie sich gedacht haben, als Sie zuletzt eine Bluse oder eine Krawatte gekauft haben. Fragen, die dabei aufgetreten sein können: Paßt das zu meiner blauen Hose? Kann ich das auch zu Gelb tragen? Wie kann man das reinigen? Ist der Preis im Vergleich zu einem anderen Stück angemessen? Sie verglichen, und deswegen wanderten Ihre Augen herum.

Wenn Sie sich überlegen, wie die Stimme eines bestimmten Bekannten klingt, schauen Sie wiederum in eine gewisse Richtung. Und Sie werden in die andere Richtung blicken, falls Sie sich vorstellen, wie dessen Stimme klänge, würde er plötzlich mit einem abgrundtiefen Baß oder einer Fistelstimme sprechen. Wahrscheinlich ging in beiden Fällen Ihr Blick nicht steil nach oben, sondern blieb in der Höhe Ihres Kopfes, mehr oder weniger auf der Ebene Ihrer Ohren.

Und wenn Sie darüber nachsinnen, wie Sie sich in einer bestimmten, für Sie wichtigen Lage gefühlt haben, wird Ihr Blick nach unten gehen.

Nehmen wir an, Sie wollen sich demnächst eine teure Anschaffung erlauben, meinetwegen ein neues Auto kaufen oder in eine größere Wohnung umziehen. Wenn Sie darüber nachdenken, werden Sie wahrscheinlich zu Boden blicken

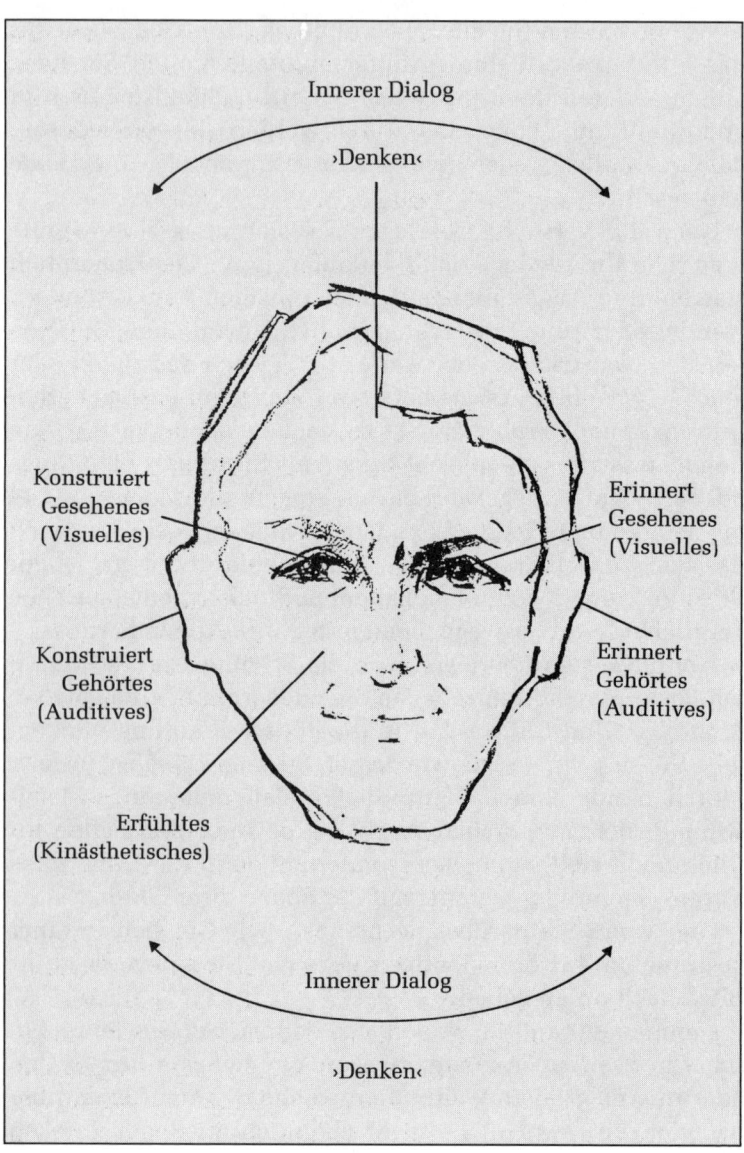

Innerer Dialog

›Denken‹

Konstruiert
Gesehenes
(Visuelles)

Erinnert
Gesehenes
(Visuelles)

Konstruiert
Gehörtes
(Auditives)

Erinnert
Gehörtes
(Auditives)

Erfühltes
(Kinästhetisches)

Innerer Dialog

›Denken‹

und dort die Augen hin und her wandern lassen, oder das gleiche wird sich ereignen, indem Sie hoch über Ihre Augenbrauen hinweg hinaufschauen. Sie vergleichen die Vorteile eines Modells mit einem anderen, ein Material mit einem anderen und dergleichen.

Bringen wir nun diese Feststellung in ein Schema:

Dieses Schema gilt für Rechtshänder und spiegelverkehrt für Linkshänder fast uneingeschränkt (und zwar nach Angaben von Bandler und Grinder, die Tausende von Fällen geprüft haben). Ich selbst habe noch niemand davon abweichen sehen.

Wenn Sie dieses Schema anwenden, brauchen Sie nicht erst zu fragen, ob Ihr Gesprächspartner ein Rechts- oder ein Linkshänder ist, sondern Sie beobachten nur, wohin er blickt, wenn er sich an etwas erinnert. Nehmen wir an, er spricht von einem Ausflug und sagt: »Wir sind dann gegen sieben im Hotel (kleine Pause, während der er aus Ihrer Sicht nach rechts schaut, weil er sich den Namen des Hotels überlegt) Drei Kronen angekommen.« Jetzt wissen Sie: Wann immer diese Person auf etwas Erinnertes zurückgreift, wird sie nach rechts schauen (aus der Sicht der Person gegenüber). Oder Sie sprechen von Autos. Sie sagen: »Mein erstes Auto war schwarz. Wissen Sie noch die Farbe Ihres ersten Autos?« Er denkt nach und schaut dabei nach links: Dann wissen Sie, wohin sein Blick geht, wenn er etwas Erinnertes von sich gibt. Konstruiert er dagegen etwas, richtet er seine Augen in die entgegengesetzte Richtung.

Ein unsicherer Hinweis, wohin einer bei Erinnertem oder Konstruiertem schauen wird, wäre es, von seiner Schreibgewohnheit auf seine Lateralität (Seitigkeit) zu schließen. Es gibt geborene Linkshänder, die gelernt haben, mit der Rechten zu schreiben, aber trotzdem einen Nagel nur mit der Linken einschlagen können. In neurologischer Hinsicht sind diese Menschen Linkshänder. Haben Sie öfters mit einem

Menschen zu tun, ergeben sich viele Möglichkeiten, seine Lateralität festzustellen.

Zwei Frauen unterhalten sich über einen Rock. Frau A meint: »Ich könnte mir eine hellgelbe Bluse gut dazu vorstellen.« Frau B denkt nach und schaut dabei nach rechts. Etwas später fragt A: »Wann wird dein Mann heute nach Hause kommen?« B überlegt mit Blick nach rechts und antwortet dann: »Nicht vor acht.« Und schließlich erzählt die A: »Ich habe gestern Martha gesehen. Du, die hat sich ihre Haare ganz, ganz kurz schneiden lassen. Kannst du dir vorstellen, wie die jetzt aussieht?« B wirft einen Blick nach rechts.

Jetzt können Sie sehr, sehr sicher sein, daß Frau B immer nach rechts schaut, wenn sie etwas konstruiert, und nach links, wenn sie sich erinnert. Wollen Sie so die Lateralität feststellen, müssen Sie aber sehr aufpassen, weil solche Augenbewegungen oft nur den Bruchteil einer Sekunde dauern.

Die siebzehnjährige Tochter erzählt am Frühstückstisch ihren Eltern, wie sie den Abend zuvor verbracht hat: »Zuerst ging ich mit Irmi ins Kino.« Auf die Frage nach dem Titel des Films schaut sie nach links. Sie nennt ihn und fährt fort: »Dann haben wir kurz in die Disko geschaut, aber da war nur (wieder Blick nach links) Marga mit ihrem langweiligen Walter da. Dann haben wir uns (Blick nach links) ein Eis gekauft.« Weil die Eltern aber nun wissen, daß ihre Tochter nach rechts schaut, wenn sie an etwas Erlebtes, Geschehenes denkt, werden sie ihre Aussagen anzweifeln.

Sie haben einem Rechtshänder vor acht Wochen ein Buch geliehen, das Sie gern bald wieder zurückbekämen. Sie fragen ihn, wie er das Buch findet. Dabei schaut er nach links: »Gut, sehr gut sogar. Ich bin schon (wiederum Blick nach links) beim letzten Drittel.« Glauben Sie ihm uneingeschränkt?

Erst kürzlich bewahrte mich die Kenntnis der Bedeutung von Augenbewegungen vor einem wahrscheinlich größeren

Schaden. Ich hatte einen sehr intelligenten Exilungarn kennengelernt, der mich zu einem gemeinsamen Projekt überreden wollte. Er behauptete, schon mehrere Unterrichtsfilme gedreht zu haben, und schlug nun vor, eins meiner Lehrbücher zu verfilmen. Als er von Budapest und seinen Eltern gesprochen hatte, war sein Blick immer wieder nach rechts gegangen. Auf die Frage, wie er vor Jahren in die Bundesrepublik Deutschland gelangt sei, erzählte er etwas von poli-

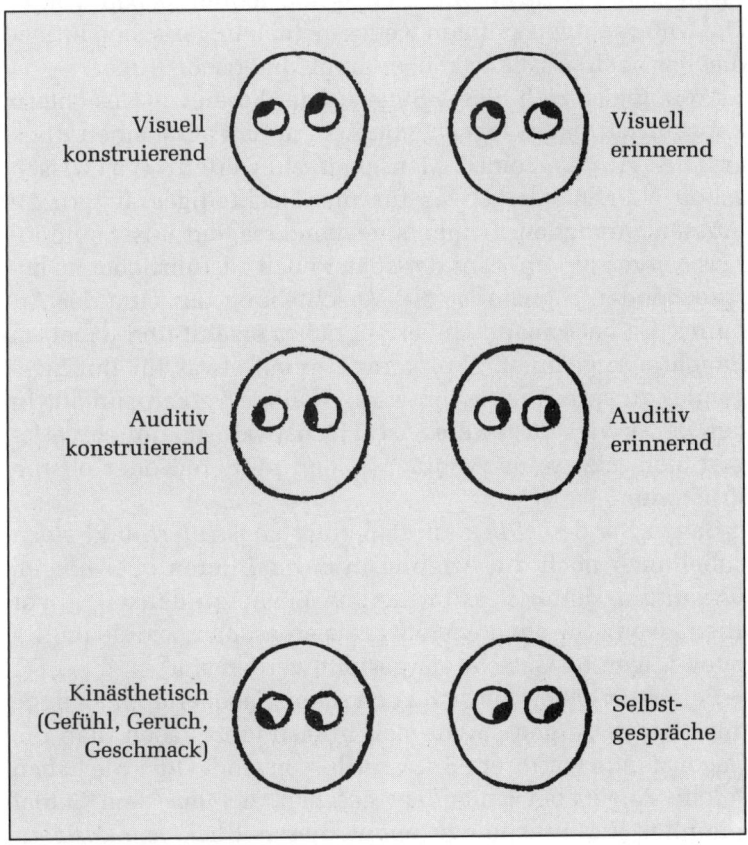

tischem Asyl anläßlich seiner Teilnahme an einem internationalen Sportfest. Jedesmal, bevor er Einzelheiten nannte, wanderte sein Blick nach links. Als ich mehr über seine Arbeiten als Filmer wissen wollte, zog es seine Augen auch dorthin. Um über seine Lateralität ganz sicher zu sein, fragte ich, welche Sehenswürdigkeiten er mir für einen Ungarnbesuch empfehlen würde. Diesmal gingen seine Blicke ausnahmslos nach rechts. Um es kurz zu machen: Ich rief bei Firmen an, für die er Unterrichtsfilme gedreht haben wollte. Die Unternehmen kannten weder meinen ungarischen Filmemacher noch besaßen sie überhaupt Unterrichtsfilme.

Wenngleich sich dieses Buch auf das Lesen von Gesichtern konzentriert, ist es ratsam, von Zeit zu Zeit auch einen Blick auf die *Atmung* eines Menschen zu werfen. Wir wissen schon: Lügen oder etwas für uns Nachteiliges äußern zu müssen, strengt an. Dementsprechend reagiert unser autonomes Nervensystem. Eins der später noch ausführlicher zu besprechenden Signale ist die Verschiebung des Orts der Atmung. Da hat jemand Unverfängliches erzählt und dabei im Bauchraum geatmet. Nun kommt er auf etwas für ihn Erregendes zu sprechen, sagen wir, auf einen Verkehrsunfall, in den er verwickelt gewesen ist. Höchstwahrscheinlich verlagert sich jetzt seine Atmung in den mittleren oder oberen Brustraum.

Sehen Sie dem *Blick* an, daß einer *konstruiert,* und *steigt* dabei auch noch die Atmung in den mittleren *oder oberen Brustraum,* dann ist es ratsam, an Lügen zu denken – vor allem, wenn Sie auch noch Signale erhaschen, wie sie im Kapitel ›Lügen im Gesicht‹ dargestellt worden sind.

Bestimmt haben Sie sich auch schon dabei ertappt, wie Sie mit offenen Augen so vor sich hingeträumt haben, daß die Gegenstände vor Ihrem Blick zerflossen sind. Oder Sie haben solche Augen bei jemandem gesehen, der mit dem Schlaf kämpfte. Der Psychologe nennt diesen Blick *defokussiert,* also nicht auf einen bestimmten Brennpunkt (focus) gerichtet. Dann befindet sich die betreffende Person in *Trance,* ist also nicht mehr im Hier und Jetzt. Stelle ich mir den Kilimandscharo mit seiner Schneekuppe über der Savanne vor, bin ich nicht mehr hier in Lindau am Bodensee, sondern am Fuß von Afrikas höchstem Berg. Ein defokussierter Blick verrät mir deswegen, daß sich mein Gegenüber ganz woanders befindet: entweder schon in Morpheus Armen oder mit Gedanken und Gefühlen beschäftigt, die nichts mehr mit meiner Anwesenheit oder meinem Thema zu tun haben. Vielleicht führt diese Person einen inneren Dialog mit sich, das heißt, sie vergleicht verschiedene Möglichkeiten, um zu einer Entscheidung zu kommen; oder sie flüchtet von hier weg in ein Traumland, weil sie die von mir diskutierte Welt nicht interessiert; oder sie sieht die durch mich skizzierten Möglichkeiten in einem ganz anderen Licht; oder sie ist entweder geistig noch nicht so weit wie ich oder mir schon viel weiter voraus.

Die *Trance meines Gesprächspartners* sollte mir *heilig* sein, denn sie kann ihn zu neuen Einsichten oder Gefühlen führen. Ich muß auch wissen, daß ihn die jetzt von mir übermittelten und für ihn bestimmten Botschaften kaum erreichen werden – es sei denn, ich reiße ihn mit Brutalität aus seiner Trance, indem ich etwa mit einer Hand vor seinen Augen wedle, abrupt meinen Gesprächston ändere oder ihn durch eine energisch gestellte Frage zu einer Antwort, also zum Nachdenken, zwinge.

Auch *Hypnotiseure* schauen manchmal ihre Medien mit einem defokussierten Blick an. Der solchermaßen Fixierte hat dann das verunsichernde Gefühl, sein Gegenüber betrachte nicht ihn, sondern blicke durch ihn hindurch.

Grundsätzlich können Sie aus der bevorzugten Blickrichtung eines Menschen darauf schließen, ob er dominierend visuell, dominierend auditiv oder dominierend kinästhetisch veranlagt ist. Ein visueller Typ wird seine Augen vorwiegend über der Kopflinie herumschweifen lassen, ein Auditiver bis hinunter zum Boden. Visuelle haben eine relativ hohe, oft leicht angespannte Stimme, während der Kinästhetiker mit einem tieferen Organ spricht. Die Stimme des Auditiven liegt dazwischen. Aber selbst wenn Sie auf die individuellen Stimmen achten, werden Sie feststellen, daß Stimmen heller klingen, sprechen sie von Visuellem, dunkler, wenn es um Auditives geht, und entspannt, gemütlich, wenn die Welt mit dem Gefühlskanal wahrgenommen wird.

Stellen Sie sich vor, Sie würden einen Vortrag halten und Ihren Zuhörern folgendes sagen: »Schauen Sie hinüber nach den USA, wie dort die Sozialversicherung geregelt ist!« Wo haben Sie dabei Ihren Blick hingerichtet? Natürlich nach oben, und wenn Sie Ihre Worte mit einer Geste unterstrichen haben, dann war Ihre Hand in Höhe des Kopfes oder gar darüber.

Nun sagen Sie: »Wir müssen auf die Stimmung im Volk hören, wollen wir mehr über den Zeitgeist erfahren.« Schauten Sie dabei nach oben oder zu Boden? Wohl kaum. Ihr Blick wird sich in Höhe Ihres Kopfes bewegt haben. Sollten Sie mit Handbewegungen Ihre Aussage unterstrichen haben, dann befanden sich Ihre Hände in Höhe Ihrer Schultern.

Und wenn Sie sagen: »Ich fühle mich bei dem Gedanken an das Elend in der Dritten Welt nicht wohl«, dann richten sich Ihre Augen vielleicht vor Ihnen auf den Boden, und Ihre Hände werden sich in Höhe Ihrer Hüften bewegen.

Verfügen Sie über eine hervorragende Beobachtungsgabe, dann wird Ihnen folgendes nicht entgangen sein: Als Sie sich im visuellen Bereich befanden (*Schauen* Sie nach den USA...), klang Ihre Stimme heller als bei dem Hinweis auf Auditives (Wir müssen auf die Stimmung im Volk *hören*...), und bestimmt klang sie tiefer bei dem Hinweis auf Kinästhetisches (Ich *fühle* mich bei dem Gedanken...).

Ihr Talent für Selbstbeobachtung wäre kaum zu übertreffen, würde Ihnen auch noch aufgefallen sein, daß Sie am schnellsten sprachen, als Sie nach den USA hinüberschauten, langsamer beim auditiven Hinweis und am langsamsten bei der Erwähnung der Dritten Welt.

Sie können also aus der Blickrichtung, der Höhe der Gesten sowie der Stimme und dem Sprechtempo erkennen, welchen Sinneskanal Ihr Gesprächspartner gerade bevorzugt.

Blicke über Kopf Hohe Stimmlage Schnelles Sprechen Gesten in oder über Kopfhöhe	Visueller Kanal
Blicke in Kopfhöhe Mittlere Stimmlage Mittelschnelles Sprechen Gesten in Schulterhöhe	Auditiver Kanal
Blicke nach unten Tiefere Stimmlage Langsames Sprechen Gesten in Hüfthöhe	Kinästhetischer Kanal

Dies zu erkennen, ist für Sie sehr wichtig, wollen Sie verstanden werden: Komme ich jemandem, der seinen visuellen Empfänger ›eingeschaltet‹ hat, mit etwas Auditivem, laufe ich Gefahr, daß er mir gar nicht zuhört oder mich in der doppelten Bedeutung des Wortes nicht versteht: entweder nicht versteht, *was* ich sage, oder nicht versteht, *warum* ich es sage. Die Klage: »Du hörst mir nie richtig zu«, kommt sehr häufig, wenn sich ein Mensch mit einer auditiven Botschaft an jemanden wendet, der sich gerade in seiner visuellen oder kinästhetischen Phase befindet. Sinngemäß gilt gleiches bei Formulierungen wie »Dafür hast du ganz einfach keinen Blick/kein Auge...« oder »Dafür fehlt dir jeder Sinn/jegliches Gefühl/jegliches Empfinden...«

Um ganz sicherzugehen, welchen Kanals sich jemand dominierend oder augenblicklich bedient, können Sie auf seine *Prozeßwörter* achten. Schauen, hören, empfinden, fühlen und dergleichen sind psychologische Prozesse.

Prozeßwörter aus dem visuellen Bereich: sehen, blicken, schauen, anstarren, ausschauen.

Aber auch Hinweise auf Farben oder Gestalten lassen an Visuelles denken, zum Beispiel: die Generallinie, eine klare Perspektive, der Mittelpunkt, Blau in Blau, im trüben fischen, finster dreinschauen.

Prozeßwörter aus dem auditiven Bereich: hören, vernehmen, lauschen, zuhören, klingen, tönen, sich vernehmen lassen, zu Wort melden und kommen, sich gut anhören.

Aber auch Hinweise auf alles Auditive verraten den entsprechenden Kanal: Mißtöne, Wohlklang, schrill, ohrenbetäubend, leiser Anklang.

Prozeßwörter aus dem kinästhetischen Bereich: fühlen, empfinden, spüren, tasten, betasten, anfassen, greifen.

Im übertragenen Sinn: ein flauer Magen, ein mieses Gefühl, weich in den Knien, eine wackelige Angelegenheit, eine harte Nuß, ein Schlag ins Konto, eine Ohrfeige für uns.

Gewarnt werden muß vor der landläufigen Meinung, jemand sei falsch oder schlechten Gewissens, weil er *einem nicht in die Augen schauen könne.* Gerade wer sich verstellen will, vermag sehr wohl seinem Blick einen festen Kontakt von Pupille zu Pupille zu verleihen, übertreibt aber manchmal dabei, so daß die Absicht zu erraten ist. Andererseits blickt auch mancher ganz einfach in eine andere Richtung, weil er erlebte oder konstruierte Bilder abruft. Und schließlich ziehen wir unseren Blick von den Augen eines Gegenübers ab, weil wir glauben, dies sei dem anderen sympathischer, als ununterbrochen fixiert zu werden. Wir entscheiden uns gern für diese Taktik, wenn wir vermuten, unserem Gesprächspartner damit zu helfen – so etwa, wenn dieser zu stocken beginnt, nachzudenken scheint oder um eine Formulierung ringt. Grundsätzlich verfahren wir so bei Stotterern.

Damit die Hornhaut des Auges nicht austrocknet, blinzeln wir von Zeit zu Zeit. Schaut mich jemand unablässig an, *ohne zu blinzeln,* kann er sich in Trance befinden, mit offenen Augen schlafen, sich langweilen oder aber mir feindselig gesinnt sein.

Wir schließen unbewußt unsere Lider, wenn wir die Augen vor einer Gefahr, etwa einem Faustschlag, schützen wollen. Und wir blinzeln genauso unbewußt, stört uns ein Fremdkörper im Auge. Aber auch Betroffenheit, Unsicherheit, Nervosität oder ein schlechtes Gewissen können ein mehr oder weniger ausgeprägtes Flattern der Lider bewirken. Ja, selbst ein uns unangenehmer Blickkontakt vermag schon Lidschläge auszulösen. Weil wir wissen, daß mehrere schnelle Lidbewegungen mit einem schlechten Gewissen gleichgesetzt werden, unterdrücken wir sie in kritischen Situationen. Befindet sich unser Gesprächspartner in einer solchen und zeigt dabei keine Lidbewegung, können wir davon ausgehen, daß er sie absichtlich vermeidet, um ein gutes Gewissen zu demonstrieren.

Aufnahmen mit versteckter Kamera bewiesen, daß wir uns im Gespräch etwa dreißig bis sechzig Prozent der Zeit anschauen. Liebende aber wesentlich länger, denn sie sind mehr an der Person des Partners interessiert als an dem, was sie gerade sagt. Und das gilt auch, wenn wir als Nichtverliebte uns wesentlich länger als sechzig Prozent der Zeit anblikken: Dann packt uns die Person mehr als ihr Thema, oder wir haben schon abgeschaltet.

Auch der *freche Blick* – das Anstarren einer Person, der dies offensichtlich unangenehm ist – kommt ohne Blinzeln aus. Desgleichen der *gespielte Zornesblick*. Hier bohren sich die Augen unverwandt in die des anderen, wobei die Brauen nach unten und zusammengezogen werden, so daß eine Zornesfalte über der Nasenwurzel entsteht. Diesen Blick wenden einige Menschen an, um andere einzuschüchtern – etwa zu veranlassen, das Gesprächsthema zu wechseln – oder um wortlos gegen etwas zu protestieren.

Der *lauernde* oder der *heimtückische Blick* ist an Sehschlitzen und seitwärts gerichteten Augen zu erkennen.

Ein *mißtrauischer Blick* sucht etwas im Gesicht oder am Körper des Gegenübers oder wandert ganz von diesem weg, etwa zum Boden, als wollte er dort die Wahrheit finden. Fällt er weniger kritisch aus, könnte man ihn auch als *suchenden* oder *skeptischen Blick* bezeichnen.

Der *ablehnende Blick* versendet negative Botschaften. Denken Sie an einen Menschen, der Ihnen unsympathisch ist, und Sie sagen sich in Gedanken: »Du bedeutest mir gar nichts«, dann entsteht solch ein ablehnender Blick. Wahrscheinlich haben Sie dabei unbewußt die Lippen etwas angespannt, wenn nicht sogar eingezogen, und die Mundwinkel nach unten gebracht. Vielleicht haben sich auch Falten auf der Stirn oder zwischen den Augenbrauen gebildet.

Der *schräge Blick* will sehen, ohne bemerkt zu werden. Aber auch Menschen mit Beschwerden in der Halswirbelsäule oder Schwerhörige schauen oft, bedingt durch die Art der Kopfhaltung, so. Daß ein schräger oder *ausweichender Blick* nicht immer auf Unsicherheit oder ein schlechtes Gewissen zurückgeführt werden kann, wurde bereits gesagt.

Der *Blick von oben herab* kann durch unterschiedliche Größe oder Sitzhaltung entstehen, aber auch aus dem Wunsch, den anderen von sich fernzuhalten. Zusätzlich kann er Ausdruck von Überheblichkeit, Stolz, Verachtung sein. Um den Abstand zum Gesprächspartner zu vergrößern, strecken sich gelegentlich Menschen und drehen dann auch noch leicht den Kopf zur Seite.

Umgekehrt können geringe Körpergröße oder unterschiedlich hohe Sitzflächen einen *Blick von unten* erzeugen. Senke ich aus wirklicher oder aus gespielter Demut (hündischer Blick) den Kopf, muß ich von unten nach oben blicken. Sieht mich jemand von unten an, weiß ich, daß er den Kontakt nicht ganz abbrechen will. Senkt er aber seine Augen für längere Zeit zu Boden, kann die Verbindung schwer gestört sein. Entweder ist dann jemand ›am Boden zerstört‹, also sehr bedrückt, oder ich bin ihm nicht mehr wert, angeschaut zu werden.

Zum *Augenschließen* kommt es, wenn jemand etwas nicht sehen oder hören will beziehungsweise beim Nachdenken von außen kommende Reize abhalten möchte. Der Augenschluß beim Küssen allerdings erhöht unsere Empfindungsfähigkeit.

Verhangene Augen, charakterisiert durch halbgeschlossene Lider, verraten große Müdigkeit, nicht selten hervorgerufen durch ein ausgedehntes Mahl und Alkohol. Wir können in anderem Zusammenhang aber auch denken an Resignation, Antriebsschwäche, vielleicht sogar an Stumpfheit oder Interesselosigkeit. Mit verhangenen Augen signalisiert uns der Arrogante oder Blasierte, daß wir keinen vollen Blick wert sind. Dauernd hängende Augenlider können aber auch von einer Ptosis (Lähmung des Muskels, der die Lider hebt) kommen.

Auch beim *Schlafzimmerblick* ist das Auge verhangen, jedoch glänzt es stark durch die vermehrte Produktion von Augenwasser.

Konzentrieren wir uns genau auf einen Punkt oder eine Idee, kommt es häufig zu einer *Verengung* des Lidspalts, so wie dies auch der Kurzsichtige macht, um schärfer zu sehen.

Der *schmachtende* oder der *anhimmelnde Blick* entsteht, werden die Augäpfel voller Hingabe und Andacht nach oben gedreht. Fehlt es den Augen dabei an vermehrtem Glanz, wirkt diese Mimik gespielt. Man kann zwar *Charme vortäuschen,* verrät sich aber sehr schnell, wenn Widersprüche im Ausdruck auftreten – wenn zum Beispiel nur die Lippen, aber nicht die Augen lächeln und diese obendrein einen matten Glanz aufweisen.

Es gibt zwei Arten des *Zuzwinkerns:* zunächst einmal das *abkühlende,* etwa wenn wir jemandem zu verstehen geben: »Freundchen, versuch nicht, mir etwas vorzumachen. Du bist erkannt.« Abkühlend wirkt auch ein Zuzwinkern, wenn damit ein Fremder oder nur flüchtig Bekannter die Botschaft vermittelt: »Komm, stell dich nicht so an. Zier dich nicht. Versuch nicht, dich interessanter zu machen, als du bist.«

Briten und Iren sind Meister in der Anwendung des *anerkennenden* Zuzwinkerns, das auf Einverständnis, Anerkennung, ein gemeinsames Geheimnis, insgesamt auf Sympathie schließen läßt und dann verführerisch wirkt. Nur sollte es nicht zu oft erfolgen, sonst merkt man die Absicht, als besonders nett gelten zu wollen. Männer kokettieren manchmal durch Zuzwinkern.

Die *Augen der Liebenden* sondern im allgemeinen mehr Flüssigkeit ab, deshalb »schwimmen ihre Augen im Glück«. Außerdem weiten sich die Pupillen, schaue ich jemand an, der mir sympathisch oder gar lieb ist. Zu großen Augen mit geweiteten Pupillen kommen weiche, nach vorne gestülpte Lippen, insgesamt ein entspannter, lächelnder Mund und sehr viel Blickkontakt. Gelegentlich verrät aber fehlender Blickkontakt, daß hier Gefühle verheimlicht werden sollen – entweder vor der geliebten Person oder vor anderen.

Im verliebten Zustand befeuchtet der Betreffende manchmal ganz leicht mit der Zungenspitze seine Lippen. Ein ausgesprochen energisches Anfeuchten der Lippen in Verbin-

40

dung mit einem frechen, aufdringlichen Blick, den manche auch einen tiefen Blick nennen, deutet auf eine unmißverständliche Einladung zu grobsinnlicher Erotik hin und wirkt auf viele Menschen abstoßend. Vielleicht achten Sie demnächst bei einem Film mit einer Liebesszene kurz vor dieser mit dem zu erwartenden ersten Kuß auf die Augen der Schauspieler. Einige Sekunden, bevor sich ihre Köpfe nähern, tasten sich die Liebenden bei voller Gesichtszuwendung mit den Augen ab, schauen sich also nicht nur in die Augen, sondern streifen mit dem Blick den Haaransatz, die Lippen, die Wangen, das Kinn.

Eine Voraussetzung für ein gewinnendes Auge ist ein ruhiger Blick voll innerlicher Ausgeglichenheit. Ein *abtastender,* womöglich auch noch ein *abschätzender Blick* ist ohne positive Signale peinlich. Ein *wandernder Blick* gefällt nur, wenn er sich voller Wohlwollen auf den Körper des anderen konzentriert, sonst verrät er, daß jemand mit seinen Gedanken ganz woanders ist.

Häufig dient aber ein *gewollt wandernder Blick* der Kontaktaufnahme zwischen Unbekannten. Der aktivere Kommunikator, sagen wir, ein Mann, schaut beispielsweise in einem Restaurant so lange zu einer Frau hinüber, bis sie seinen Blick bemerkt, wendet dann aber seine Augen so schnell ab, als sei er bei einer verbotenen Tat erwischt worden. Wenn der Herr der Dame nicht ganz gleichgültig ist, wird sie wissen wollen, ob sein intensiver Blick reiner Zufall war oder Neugier oder vielleicht sogar Bewunderung. Schaut sie später wieder in seine Richtung, ›überrascht‹ sie erneut sein Blick. Hat sich das Schauspiel einige Male wiederholt, wird eine der beiden Personen mutiger und weicht nicht sofort den Augen des anderen aus. Vielleicht lächelt nun er oder sie.

Die andere Technik des gewollt wandernden Blicks setzt voraus, daß sich zwei Menschen schon kennen und einer davon *flirtbereit* ist. Mit einer Mischung aus Neugier und Bewunderung läßt dieser immer wieder seine Blicke erwischen, wie sie am Körper der Zielperson herumwandern. Wenn dabei in den Augen des Flirters Begehrlichkeit liegt, wirkt dieser Blick aufdringlich – es sei denn, die angestarrte Person ist gern bereit, mitzumachen.

Wollen Sie bewirken, daß Sie *interessierte Blicke* versenden, die aber nichts mit Eros zu tun haben, dann blicken Sie Ihrem Gegenüber ganz ruhig in die Augen und beantworten sich einige Fragen: Welche Farbe hat die Iris? Ist sie ein- oder mischfarbig? Ist sie gesprenkelt? Liegt um die Iris ein Ring? Wenn Sie dann an den richtigen Stellen auch noch leicht mit dem Kopf nicken, fühlt sich Ihr Gesprächspartner geschätzt und verstanden. Vergessen Sie dabei aber nicht, im oberen Brustraum zu atmen.

Ob Sie aber wirklich positiv zu diesem Menschen stehen, kann ein Scharfsichtiger an der *Veränderung der Farbe der Pupillen* erkennen: *Bei negativen Empfindungen verdunkelt sich die Iris, bei positiven erhellt sie sich.* Zu den negativen Gefühlen zählen wir körperliche und psychische Schmerzen, Ängste, aber auch Ärger und Wut. Positive Gefühle drücken sich in Form von Beschwingtheit, Heiterkeit, Güte, Wohlwollen, Liebe aus. Dann können Augen aufblitzen oder von ›innen her‹ leuchten. Denken Sie nur an Kinderaugen vor dem Weihnachtsbaum. Mit sich in Harmonie lebende, zufriedene, ausgeglichene Menschen haben dauernd solche Augen. Allerdings hat dies schon zu manchem Mißverständnis geführt, weil der von solchen Augen Angeschaute meint, er habe zu diesem Freudenblick beigetragen, bedeute also seinem Gegenüber mehr als andere – bis er dann endlich merkt, daß diese Person gar nicht anders als ›so verliebt‹ dreinschauen kann.

Auf die vielen anderen Ausdrucksarten der Augen brauchen wir nicht einzugehen, weil entweder unser angeborener Analysemechanismus von selbst richtige Resultate liefert –

und zwar nicht nur durch das Betrachten eines einzigen Signals – , oder weil viele Begriffe der Mimik und der Gestik eher der Belletristik entstammen als der Psychologie.

So wollen einem viele Menschen an den Augen ablesen, ob man intelligent ist. Wenngleich wir glauben, mit großer Sicherheit zu wissen, was Intelligenz ist, so streiten sich die Psychologen immer noch, wie diese Intelligenz gemessen werden soll. Ein Mensch, der mit klaren, wachen Augen in die Welt schaut, kann *intelligent* sein, muß es aber nicht. Und ein träumender, zerstreuter Blick kann einem genialen Dichter zu eigen sein, der in anderen Welten weilt. Ein Hochbegabter mag einen stumpfen, müden, langsamen Blick haben, weil er überarbeitet ist, unter Migräne oder einem Stimmungstief leidet. Am Blick ist nicht die Intelligenz abzulesen, sondern nur die *Reaktionsgeschwindigkeit des Verstandes* oder *des Gefühls.* Ein Pfiffikus mag sehr schnell reagieren; was aber, wenn er zu falschen Schlüssen gekommen ist? Die Blicke eines hochintelligenten Sekundärtyps, also eines geistigen und emotionalen Langsamstarters, wirken manchmal verschlafen. Er läßt sich Zeit mit gründlichem Denken und Kreieren, und seine Augen blitzen nicht einmal auf, wenn er sein Ziel erreicht hat. Vielleicht denkt er sich dabei: »Warum soll ich mich verausgaben? Das war doch leicht vorauszusehen.«

Wenngleich wir also Intelligenz nicht an den Augen erkennen, so werden Intelligente ihre Augen bewußter einsetzen als weniger Intelligente: um andere Menschen zu beobachten und um mit ihrer Augensprache auf andere positiv zu wirken.

Bei einem Test mit versteckter Kamera unterhielten sich jeweils zwei Versuchspersonen etwa zwei Minuten lang, um sich dann wiederum für zwei Minuten dem nächsten Partner zuzuwenden und so fort. Die Kamera hielt unterdessen die Anzahl und die Dauer der Blickkontakte fest.

Am Ende des Tests mußten die Teilnehmer angeben, welche der anderen Versuchspersonen ihnen besonders sympathisch waren. Natürlich jene mit dem längsten Blickkontakt.

Augenzeichen aus medizinischer Sicht

Was immer auch Irisdiagnostiker behaupten – es gelang noch keinem, die Wissenschaftlichkeit dieser Methode zu beweisen. Trotzdem sieht sich jeder Arzt – und nicht nur der Augenarzt – die Augen seines Patienten an. In Form von Stichwörtern die wichtigsten Hinweise auf weitere Symptome in dieser Richtung:

Ungleich große Pupillen: Gehirnerschütterung.

Matte Augen: Zeichen von allgemeiner Schwäche, Depression und dergleichen.

Glänzende Augen: Impulsivität, Freude, Verliebtheit, Fieber.

Glotzaugen: Basedow-Krankheit.

Gelbverfärbung: Galle-Leber-Störungen, Gelbsucht.

Geschwollene Augenlider, starke Tränensäcke: Nierenerkrankungen.

Stecknadelkopfgroße Pupillen: Morphiumkonsum.

Extrem starke Augenbrauen bei Frauen: Vermännlichungstendenz.

Ausfall der äußeren Augenbrauen: Erkrankung der Nebennieren oder Neurodermitis.

Nasenzeichen

Sehr wählerische Menschen ziehen oft die Haut über der Nase zusammen, so daß an der Nasenwurzel Querfältchen entstehen, entweder vorübergehend oder bleibend. In so einem Fall spricht der Psychologe von einer *Geschmäcklernase.* Der diese Mimik verursachende Muskel hebt aber gleichzeitig die Nasenflügel und die Oberlippe, so daß zwei Falten zwischen Nase und Mund entstehen. Schon Babys gelingt diese Mimik, wenn ihnen etwas nicht paßt, beispielsweise eine Speise oder eine Anordnung. Die Nasenflügel stehen in engem Zusammenhang mit dem Gefühlsleben, vor allem mit der Sexualität, wie sich dies besonders stark bei einigen Tieren, zum Beispiel Affen, Pferden und Hunden, feststellen läßt. *Nasenflügel* aktivieren und weiten sich bei *sexueller Erregung, aber auch bei Wut,* weswegen der Ausdruck entstanden sein mag, daß jemand vor Wut schnaubt.

Aber auch schon *weniger ausgeprägte Gefühlsschwankungen* vermögen die Nasenflügel in leichte Bewegungen zu versetzen. Oft sieht man ansonsten sehr beherrschten Menschen ihre innere Erregung nur an den Nasenflügeln an.

Nasenzeichen aus medizinischer Sicht

Handelt es sich nicht gerade um einen Boxer, dann denkt ein Arzt bei einer ausgeprägten Sattelnase an eine angeborene Syphilis.

Rote Anschwellungen an der Nasenspitze beobachtet man bei langjährigen Zuckerkranken, aber auch bei Menschen mit chronischen Verdauungsbeschwerden.

Kupfernasen zieren manchmal ausgepichte Weintrinker oder Menschen mit langjährigem Überverbrauch von Austern. Hier wird sich der Arzt die Leber genauer betrachten.

Übergroße oder durch Unfälle verstümmelte Nasen können bei sensiblen Menschen manchmal zum Anlaß für psychische Fehlhaltungen werden. Andererseits stellten Schönheitschirurgen fest, daß Patienten gelegentlich auch dann nicht zufrieden waren, wenn die Operation an ihrer Nase vorbildlich geglückt war. Dann ist daran zu denken, daß der jahrelange Leidensdruck vor der Operation psychische Narben hinterlassen hat, die kein Skalpell beseitigen kann.

Mundzeichen

Ein Mund kann nicht nur Bände voller Worte sprechen, sondern auch viele Signale versenden, die den Worten widersprechen. Aber wie immer in der Kunst des Gesichterlesens müssen wir vorsichtig zu Werk gehen. So kann etwa ein *leicht offenstehender Mund* auf ein Atemhindernis deuten, auf besonders angespanntes Zuhören – aber auch darauf, daß jemand jede Art von Zuhören anstrengt, weil er schwer von Begriff ist.

Mit Eindeutigkeit können wir aber sagen, daß die Unterlippe bei *sexueller Erregung* an Fülle zunimmt. Vibrierende oder zumindest leicht aufgeblähte Nasenflügel werden dann ebenfalls zu beobachten sein. Wir können die Unterlippe aber auch als Zeichen von *Protest* nach vorne schieben, manchmal mit aggressiv angehobenem Kinn. Oder wir senken wie ein Kampfstier den Kopf. Schieben wir die Unterlippe nach vorne, ziehen dabei aber gleichzeitig das Kinn an, drücken wir eher *Schmollen* und *Grollen* aus. Wenn wir nicht gerade eine Genießerschnute machen oder die Lippen zu einem Küßchen runden, dann bedeutet jedes Vorschieben der Lippen Ablehnung, Wegschieben.

Vor *Überraschung* können wir den Mund aufreißen. Kommt diese Mimik aber mit Verzögerung, kann sie gespielt sein. Das Aufreißen und gleichzeitige Anspannen des Mundes verrät Schrecken, Entsetzen, große Angst. Dabei ziehen wir auch die Stirn in Falten. Erzählt jemand von etwas für ihn Schrecklichem, kündigen sich diese Zeichen bereits vor den entscheidenden Worten an. Vernimmt er Entsetzliches, stellt sich die Mimik sofort ein. Verzögert sie sich, sollte man Schauspielerei vermuten.

Wenn wir bewußt die Mundwinkel nach unten ziehen, bewegen wir zusätzlich den Kinnmuskel. Wir tun dies aber nicht, wenn unsere Trauer und Sorge echt sind. Eine *sup-*

oder *depressive Person* verrät sich meist schon durch ihre nach unten gezogenen Mundwinkel und das leicht gequälte Lächeln, mit dem sie manchmal ihren Zustand zu verbergen sucht.

Sagen wir, emotional geladen: »Und jetzt erst recht«, dann werden wir die Lippen nach vorne schieben. Wollen wir aber diese Entschlossenheit verbergen, ziehen wir gern die Lippen an. Das energische Schließen des Mundes signalisiert den Wunsch, aus uns weder etwas heraus- noch etwas in uns hineinzulassen. So entsteht, was der Engländer die *stiff upperlip* nennt, die steife Oberlippe. Übertreiben wir diese Mimik, dann wölben sich unsere Lippen über die Zähne, und wir können auf die Lippe beißen. Eine steife Oberlippe verrät stille, feste *Entschlossenheit,* die bis zur Verbissenheit gehen kann. Zeigt jemand unbewußt die *Zunge,* drückt dies eine ähnliche Haltung aus – gleichgültig, ob nun jemand entschlossen ist, keinen Schmerz zu äußern, sich stark anzustrengen, nicht aufzugeben oder sich durchzusetzen. Die stiff upperlip kann aber auch Ausdruck für *Hochmut* sein, etwa für die Überzeugung, mit der ganzen anrüchigen Angelegenheit oder der zweifelhaften Person nichts zu tun zu haben.

Finden Sie einen Menschen mit einer oft oder stets vorhandenen stiff upperlip, die jedoch nicht zu Ihren anderen Beobachtungen paßt, sollten Sie an folgendes denken: Vielleicht hat er sehr *schlechte* oder *unregelmäßige Zähne,* die er mit der Oberlippe verdecken will. Tat dies jemand jahrelang, wird er in den meisten Fällen bei dieser Lippenstellung bleiben, auch wenn er inzwischen seine Zähne hat verschönern lassen.

Ein betont *verschlossener Mund* kann Ausdruck eines vorübergehenden Gefühls der Ablehnung oder der Anstrengung sein, bei Redefaulen aber auch zur dominierenden Mundstellung werden. Dann müssen wir nicht nur an Wortkargheit, sondern auch an grundsätzliche Ablehnung von Kontakten denken. Diesen *verkniffenen Mund* sehen wir oft in Verbindung mit nach unten gezogenen Mundwinkeln bei leicht Verletzbaren, Pessimisten, Weltverächtern, Trotzköpfen.

Beißen wir bei einem verkniffenen Mund auch noch auf die Zähne, verstärken wir den Riegel, den wir der Welt entgegensetzen. Diesen *verbissenen Mund* sehen wir bei vom Leben Enttäuschten, bei Menschen, die an einem schweren Problem kauen oder aber vorübergehend bei Wütenden, die ihrem Jähzorn keinen freien Lauf lassen wollen.

Übrigens, manche Menschen können nur schreiben, wenn sie dabei die Lippen bewegen, als würden sie leise mitsprechen. Dies beobachten wir entweder bei Schreibungewohnten oder bei stark motorischen Lerntypen, also Menschen, die zum Beispiel ein Fremdwort oder einen Namen schreiben müssen, damit sie sich diese merken können.

Bestimmt haben auch Sie sich schon manchmal mit dem ganzen Oberkörper geschüttelt, wenn Sie eine der folgenden Botschaften versandten:

»Das ist mir völlig unverständlich.«

»Damit will ich nichts zu tun haben.«

»Brrr, ist das widerlich!«

Im kleinen praktizieren wir gelegentlich dieses ›Abschütteln‹ *mit den Lippen,* und dann kann es die gleiche Bedeutung haben.

Wir stellen diese Lippenbewegungen aber auch fest, wenn jemand das Thema wechseln will oder unbewußt auf einen anderen Wahrnehmungskanal umschaltet: Er hat beispielsweise während der letzten Minuten über seinen visuellen Kanal aufgenommen und empfängt ab jetzt auf dem kinästhetischen, oder er war in Gedanken ganz woanders und schüttelt sich sozusagen aus einer leichten Trance in das Hier und Jetzt zurück.

Leckt jemand seine Lippen, kann dies mehrere Ursachen haben:

Sie sind trocken und spannen.

Er denkt über etwas nach und hat dabei den Eindruck, daß dieses Etwas gar nicht so schlecht war oder ist beziehungsweise werden könnte.

Nagen wir an unseren Lippen, verraten wir angestrengtes Nachdenken, das uns aber noch nicht aus einer unklaren Lage geführt und zu einem Entschluß gebracht hat.

Die meisten Menschen können ihre Augen besser kontrollieren als die Mimik ihres Mundes, diese verrät daher oft mehr als der Ausdruck der Augen. Dabei müssen wir uns aber einer sehr schnellen Beobachtung befleißigen: Da erzählt einer begeistert von einem Menschen oder einem Vorfall, zeigt aber während einer Zehntelsekunde Enttäuschung mit seinem Mund oder nur mit einer Lippe, meist der Unterlippe, und oft nicht einmal mit der ganzen Lippe, sondern nur mit einem Mundwinkel. Oder es huscht für den gleichen kurzen Zeitraum ein Ausdruck in oder um den Mund, als wolle die betreffende Person zu weinen beginnen. Doch kann auch das verräterische Zeichen in einem Ausdruck von Schadenfreude, Verachtung, brutaler Entschlossenheit oder aber Eingeständnis der Schwäche bestehen, während sofort anschließend der Mund sowohl verbal als auch körpersprachlich etwas ganz anderes erzählt. Solche Widersprüche heißen *Inkongruenzen*. Der Mund drückt mehr als sonst ein Organ Inkongruenzen aus.

Inkongruenzen können, brauchen aber nicht ein Ausdruck für Verstellung zu sein. Sie sind kein Anzeichen für Verstellung in folgender Situation:

Ohne an die Bewußtseinsspaltung des Schizophrenen zu denken, können wir uns vorstellen, daß wir manchmal aus mehreren Personen bestehen. Eine Person in mir sagt, es sei jetzt höchste Zeit, aufzustehen und sich zur Arbeit fertig zu machen, während die andere mir zuraunt, doch noch ein bißchen im Bett liegenzubleiben. Bei einer anderen Gelegenheit gibt mir die eine Person in mir zu verstehen, daß ich jetzt satt sei und sehr wohl auf die Nachspeise verzichten könne, ganz im Gegensatz zu einer anderen, die mir gute Ausreden einflüstert, das Dessert nicht stehenzulassen. Kann ich mich nun nicht entschließen, entweder eine Bergwanderung zu machen oder zum Baden zu gehen oder bei der großen Hitze hinterm Haus im Schatten zu liegen, dann streiten gleich mehrere solcher *Subpersonen.*

Da erzählt jemand schwärmerisch von seinem letzten Urlaub in den Anden. Aber von Zeit zu Zeit funkt eine seiner Subpersonen eine negative Botschaft dazwischen, etwa nach dem Motto: »Nun, so toll war's auch wieder nicht. Denk nur an den widerlichen Gestank auf dem Markt in La Paz!« Sie erfahren nicht, daß es der Gestank auf dem Markt war, was ihm an La Paz mißfallen hat, aber als er von der Stadt La Paz sprach, entdeckten Sie an seinem Mund eine Inkongruenz. Würden Sie fragen: »Gab es auch etwas, was Ihnen nicht so gefallen hat?«, würde der Erzähler wahrscheinlich gleich mehrere Hinweise auf Negatives seiner Südamerikareise geben. Er könnte aber auch folgendermaßen reagieren: »Natürlich siehst du viel Dreck und Armut, aber mich stört so etwas nicht.«

Hat es ihn doch beeinträchtigt, dann hat er hier die Unwahrheit gesagt. Ist er wirklich der Meinung, daß es ihn nicht gestört hat, liegt eine Verdrängung vor. Sein Bewußtsein hat es vergessen, nicht aber sein Vorbewußtes.

Bestimmt können Sie sich an ein Kind erinnern, das Ihnen mit großen Augen, lebhaften Blicken und überschießender Lippentätigkeit etwas Aufregendes erzählt hat, ein Märchen oder sonst eine Geschichte. Auch Erwachsene, die sich – und deswegen auch ihre Äußerungen – sehr wichtig nehmen (meist wesentlich wichtiger als der Zuhörer), bewegen oft die Lippen mehr, als für eine verständliche Aussprache nötig wäre. Stehen Inhalt und Form der Gestaltung in Widerspruch, wenn etwa ein banaler Inhalt bedeutend vorgetragen wird, müssen wir an *Wichtigtuerei* denken oder an eine Exzentrik, die alles für bedeutend erachtet, was von dieser Person kommt. Auserwählte, in Geheimwissenschaften Eingeweihte, ein- und nichteingesegnete Priester tragen gern Alltagssprache mit einem Pathos und Lippenbewegungen vor, die einer Klopstockschen Ode würdig wäre.

Manche Sprecher müssen aber nur deswegen mehr Lippenarbeit leisten, weil sie meistens mit geschlossenen Zahnreihen sprechen und den Lippen kompensatorisch die Arbeit überlassen, die der Unterkiefer leisten müßte. Diese Angewohnheit kann auf *Mundfaulheit* zurückzuführen sein. Zu denken ist aber auch an eine unbewußt bleibende Unsicherheit, nichts aus dem Mund zu lassen, was einem gefährlich werden könnte, weil es Unwissenheit verraten könnte.

Nun gibt es aber auch Sprecher, die mit einem Minimum an Kiefer- und Lippenbewegungen auskommen; dementsprechend ungenau und verwaschen klingt ihre Aussprache. Wohlgemerkt, hier ist nicht die Rede von Hochsprache oder Dialekt. Hochsprache kann gelangweilt verwaschen und Dialekt stechend genau prononciert werden. Wer verwaschen spricht, mißt seinen Äußerungen keinen großen Wert zu – was ihm aber selbst unbekannt ist. Besonders aufschlußreich erweist sich diese Sprechweise im Mund von Sprechberuflern, wozu in erster Linie Politiker zählen.

Eine der vielen Definitionen des Menschen könnte sein: das lachende Tier. *Lachen* stellt sich ein als Befreiung von einem Druck, beispielsweise von der Spannung eines Witzes kurz vor der Pointe. An anderer Stelle wurde bereits erwähnt, daß wir bei echtem Lachen die Augenlider verengen und die Mundwinkel nach oben ziehen. Beim gestellten Lachen bleiben die Mundwinkel in der Mittellinie der Lippen, und wir verkleinern auch nicht die Augen, sondern reißen sie manchmal sogar noch auf, wenn wir beispielsweise

Amüsement und Anerkennung über einen altbekannten Kalauer oder über eine andere Bemerkung heucheln.

Wir lachen auf die Vokale A, E, I, O und U. Welchen Vokal wir vorziehen, hängt von der Lachursache und unserer Reaktion darauf ab.

Lachen auf A: Das ist das offenste, herzhafteste und ehrlichste Lachen. Dabei machen wir den Mund am weitesten auf, als wollten wir uns bis in den Rachen schauen lassen – ohne jeglichen Argwohn.

Lachen auf E: Dieses Lachen klingt leicht oder ziemlich spöttisch und kann Ausdruck von kesser Überheblichkeit sein.

Lachen auf I: Man kann es auch Kichern nennen. Wer still in sich hineinlacht, lacht meist auf I.

Lachen auf O: Es drückt Verwunderung, wenn nicht gar Protest aus, wie auch bei den Wörtchen ›hoho‹ und ›oho‹ zum Ausdruck kommt.

Lachen auf U: So lacht nur jemand, der Überraschung oder Angst vortäuscht.

Anthropologen meinen, *Lächeln* sei der menschliche Ausdruck fürs Zähnezeigen und nach und nach zu einer Mimik des Anbiederns, des guten Willens, der Friedfertigkeit, des Wohlwollens, der Sympathie geworden.

Beim *ängstlichen Lächeln* ziehen wir den Mund nur breit, beim *freundlichen* aber die Mundwinkel auch leicht nach oben.

Das *unechte Lächeln* gleicht dem ängstlichen: Wir ziehen also nur die Lippen breiter, ihre Enden aber nicht nach oben. Dehnen wir die Lippen noch weiter, entsteht aus dem unechten das *süße* Lächeln von Schmeichlern und edlen Seelen.

Weniger als Lächeln ist *Schmunzeln.* Dabei ziehen wir zwar die Lippen lang, öffnen sie aber nicht, pressen sie vielleicht sogar leicht aufeinander, etwa wenn wir uns denken: »Zu schön, um wahr zu sein.«

Wir schmunzeln manchmal, wenn wir aus Höflichkeit nicht lächeln wollen oder aus Dominanzverhalten durch ein Lächeln zuviel Gnade zu verschenken befürchten.

Manchmal kann ein Schmunzeln andeuten, daß wir geistig den Ausführungen des anderen folgen – was nicht heißen muß, daß wir sie billigen.

Das *spöttische Lächeln* entsteht, wenn wir lächelnd die Mundwinkel herunterziehen. Stark abwertend wirkt es, wenn wir unsere Mundwinkel asymmetrisch nach unten bewegen.

Das *Grinsen* ist die Grimasse des Lächelns. Manchmal hat man das Gefühl, jetzt müsse gleich Speichel aus den heruntergezogenen Mundwinkeln triefen.

Aggressives *Zähnezeigen* erleben wir nur noch bei Wütenden und bei Spaßvögeln, die Wütende spielen.

Sehr viel Unbeweisbares bis Lächerlichstes wurde über den Zusammenhang zwischen der Beschaffenheit der Zähne und dem Charakter ausgesagt. Sicher ist nur eins: Wer in unseren Breitengraden nicht ein gepflegtes Gebiß vorweisen kann, ist selbst schuld. Regelmäßige, strahlend weiße Zähne zu haben, ist ein Glücksfall – vor allem, wenn man sie auch noch ins hohe Alter retten konnte. Aber ein gepflegtes Gebiß darf man von jedem erwarten, der vorhat, seinen Mund aufzutun. Sehen Sie Menschen mit Zähnen in schlechtem Zustand, können Sie annehmen: pathologische Angst vor dem Zahnarzt. Dazu fällt mir ein Metzgermeister ein, der wöchentlich einige Stiere und Ochsen neben Dutzenden von Schweinen schlachtete, obendrein auch noch Amateurboxer war, aber vor dem Zahnarzt eine höllische Angst empfand. Bei den meisten ist der Grund Lässigkeit, die bis zur Nachlässigkeit und zum Narzißmus gehen kann. Man könnte fast versucht sein zu meinen, daß es diese Zahnarztmuffel auch auf anderen Gebieten mit der körperlichen Hygiene nicht so genau nehmen.

Gewiß, größere Zahnkorrekturen kosten trotz unseres sozialen Netzes noch einiges Geld aus der Privatschatulle. Aber ist es nicht bezeichnend für einen Menschen, ob er eher Geld investiert in möglichst appetitliches Aussehen, einen entspannten Mund, den er überall öffnen kann, oder in aufwendige Möbel, Schmuck, zu teure Autos und exotische Urlaubsreisen?

Interessanterweise gibt es kaum eine bekannte Person des Showbusiness mit schlechten Zähnen. Die Damen und Herren wissen, warum. Nicht so einige Politiker, die sich einen ebensoguten Zahnarzt wie die Unterhaltungsprofis leisten könnten...

Erweist sich eine Lage als besonders kritisch und herausfordernd, beißen wir nicht nur auf die Zähne, sondern manchmal auch auf die *Zunge.*

Wenn wir als Baby von der Mutterbrust genug hatten, schoben wir mit der Zunge die Brustwarze aus dem Mund. Dieses Verhalten ist uns in übertragener Bedeutung bis heute geblieben. Kämpfen Menschen mit einem Problem oder wollen sie trotz allem bis zum letzten durchhalten – also eine Niederlage unbedingt vermeiden – , beißen sie auf die Zunge.

Psychologen haben mit versteckter Kamera Billardspieler aufgenommen. Von der Zunge der großen Könner war nichts zu sehen, wohl aber zeigten oder kauten die Anfänger bei schwierigen Passagen auf der Zunge herum.

Daß das Vorzeigen der Zunge grundsätzlich Ablehnung bedeutet, beweist nichts besser als ihr verächtlich-provozierendes Herausstrecken.

Mundzeichen aus medizinischer Sicht

Das Zittern der Lippen (feinschlägig) kann auf langjährigen Alkoholmißbrauch hindeuten, aber auch auf allgemeine oder augenblickliche starke Nervosität.

Bei älteren Menschen ist bei einem ausgeprägt schiefen Mund an ein Gehirnleiden, beispielsweise als Folge eines Gehirnschlags, zu denken; doch verziehen wir auch den Mund, wenn wir eine innere Erregung überspielen wollen. Solche Momente können vorkommen, wenn wir die Unwahrheit sagen – wozu auch starke Über- oder Untertreibungen zählen – , gegen Rührung ankämpfen oder insgesamt etwas verbergen wollen.

Bläuliche oder blaue Lippen stellen sich ein bei Herzschwäche.

Bei Lacklippen vermutet der Arzt Lebererkrankungen.

Steht der Mund eines Patienten häufig offen, wird ein Arzt eventuell Atmungshemmungen diagnostizieren, etwa Polypen oder eine schiefe Nasenscheidewand.

Rhagaden (Schrunden) in den Mundwinkeln sind Anzeichen für Vitaminmangel.

Herpes labialis (entzündete Bläschen auf den Lippen) kann Hinweis auf eine herabgesetzte Widerstandskraft und auf Infektionen des Atemapparats sein.

Kinnzeichen

Schnauze, Maul und Schnabel sind ein Hauptmerkmal des tierischen Kopfes. Auch Orang Utan und Schimpanse als unsere nächsten tierischen Verwandten weisen ein solches Schnauzenprofil auf. Nur der Mensch verfügt über ein Kinn. Vergleichen wir das Profil eines Menschenkopfes mit dem Schädel eines Primaten im Profil, so fällt auf, daß sich die Schnauze in dem Maße zurückbildet, in dem Stirn und Gehirn nach vorne drängen, so daß wir zu der Erkenntnis kommen können: je steiler die Stirn und je mehr Kinn, desto ausgeprägter der Mensch. Wie die Vorwärtswölbung der Stirn ein Zeichen für die Entwicklung des menschlichen Denkvermögens darstellt, so begleiten die Rückentwicklung der Schnauze und die Ausbildung des Kinns den Verlust tierischer Instinkte und das Heranreifen von Entscheidungsfreiheit im Vergleich zur reinen Triebstruktur des Tieres. Mehr über den psychologischen Erkenntniswert des Kinns erfahren Sie im zweiten Teil dieses Buches.

Ein großes, möglichst noch vorspringendes Kinn wird gern mit Willenskraft gleichgesetzt, wofür es aber nur schwache Anhaltspunkte gibt. (Ob es überhaupt Willenskraft gibt, ist umstritten. Später mehr darüber.) Der Volksmund spricht aber auch bei einem stark vorspringenden Kinn von einem Hurenkinn, und Hexen- wie Teufelsmasken sind entweder mit einem Keulen- oder aber einem fliehenden Kinn ausgestattet.

Ein vorspringendes Kinn wird häufig verursacht durch Defekte im Kiefergelenk und ist dann nicht selten verbunden mit einem Überbiß, das heißt, beim Zusammenbeißen geraten die unteren Schneidezähne vor die oberen. (Als Rachitisfälle [›englische Krankheit‹] eine Alltagserscheinung waren, traten viele Fälle von extremem Über- und Unterbiß [zurückfliehendes Kinn] auf.)

Bewußt oder unbewußt schieben Menschen, wollen sie *wilde Entschlossenheit* oder *Überlegenheit* demonstrieren, ihr Kinn nach vorne; Benito Mussolini soll hier stellvertretend für viele stehen. Bei Margaret Thatcher (siehe Seite 166) kann ein nach vorne geschobenes Kinn beobachtet werden, wenn sie mit Nachdruck ihren Standpunkt vertritt.

Will jemand besonders deutlich sprechen, verlagert er häufig das Kinn etwas nach vorne. Wenn nicht gerade jemand an extremem Unterbiß leidet, rückt es ebenfalls einige Millimeter vor, sobald man auch nur leicht auf die Zähne beißt.

Doppelkinn und, im ausgeprägten Fall, Dreifachkinn sind oft die Folge eines überreichlichen Kalorienkonsums, manchmal aber auch eines stark entwickelten Kehlkopfes, wie ihn gute Sänger haben müssen. Bei einem normal entwickelten Kehlkopf und einem nicht zu üppigen Unterhautfettgewebe bilden Kinnlade und Hals fast einen rechten Winkel. Ein stark ausgeprägter Kehlkopf dagegen verursacht, daß sich von ihm in etwa eine Gerade zur Kinnspitze bildet.

Ohrenzeichen

Zu behaupten, daß große, wohlgeformte Ohren auf Wahrheitsliebe deuten, in der Jugend hingegen auf geringe Antriebskraft – das mag noch angehen, weil es mehr oder weniger unschädlicher Nonsens ist; aber die These zu vertreten, daß angewachsene Ohrläppchen einen kriminellen Charakter verraten, ist erheblich schwerwiegender.

Doch finden wir Hunderte solcher Feststellungen in den üblichen Handbüchern der ›Menschenkunde‹.

Mit Gewißheit können wir von den Ohren nur sagen: Findet ein Arzt in der Ohrkrempe weißliche Knötchen, vermutet er Natriumablagerungen und wird ein Blutbild veranlassen, um nach Stoffwechselstörungen, die auf Gicht hinweisen, zu suchen.

Und weist ein Mensch sehr stark abstehende Ohren oder andere Entstellungen auf, ist der Gedanke vielleicht nicht von der Hand zu weisen, daß er darunter psychisch leidet und sich deswegen unter Umständen etwas schrulliger benimmt als die ›Normalen‹.

Stirnzeichen

Im Kapitel ›Lügen im Gesicht‹ war wiederholt von Stirnfalten die Rede. Viele dauernde Stirnfalten sind das *Ergebnis von Zufälligkeiten* und besitzen darum keine Aussagekraft über Gefühle oder Charakterstruktur.

Grundsätzlich neigt *trockene Haut* eher zur Faltenbildung als fette. Ferner krausen zahlreiche Menschen auch die Stirn, ohne zu denken. Michail Gorbatschow (siehe Seite 205 f.) beispielsweise, dem bisher alle seine westlichen Gesprächspartner eine überdurchschnittlich hohe Intelligenz und Arbeitsdynamik bestätigten, müßte nach landläufiger Meinung eine vom vielen Denken zerfurchte Stirn aufweisen – er hat aber eine glatte. Im Gegensatz zu ihm gibt es Menschen, bei denen verhältnismäßig einfache Rechenaufgaben schon Denkprozesse mit entsprechend schwer ›umwölkter‹ Stirn auslösen.

Andere wiederum können keine *negativen Gefühle* äußern, ohne dies nicht energisch in ihrem Gesicht auszudrücken, und legen hierzu auch gern die Stirn in Falten. Ja, manchmal schaut bei der Morgentoilette bereits ein zerknittertes Gesicht aus dem Spiegel entgegen: Sie haben es sogar noch im Schlaf in Falten gelegt oder, mit dem Kopf auf einer Seite liegend, die Haut zusammengeschoben.

Zieht jemand die Stirn gern kraus, läßt dies auch auf *Kurzsichtigkeit* schließen, die nicht durch optische Mittel korrigiert worden ist.

Menschen, die *scharf beobachten,* sich auf kleine Details (etwa ein Uhrmacher) oder überhaupt auf für sie Wichtiges lange konzentrieren müssen, ziehen meist die Augenbrauen zusammen, so daß sich im Lauf der Zeit über der Nasenwurzel Querfalten eingraben – die aber dann auch wieder eine *schnell und leicht jähzornige Person* charakterisieren können.

Manche Menschen verbreiten, bewußt oder unbewußt, ablehnende Reaktionen, *weil sie nur eine Augenbraue anheben,* wobei über dieser dauernde Fältchen entstehen.

Diese Mimik kann Ironie, Skepsis oder Hochmut ausdrücken, etwa nach dem Motto: »Das können Sie mir doch nicht weismachen. Das glauben Sie ja selbst nicht.«

Treten solche Zeichen sehr häufig auf, wäre es vielleicht ratsam, sich zu fragen, ob man es nicht mit einem komplizierten Menschen oder einem Besserwisser zu tun hat – für den alles zum Problem wird, und der häufig ganz anderer Meinung ist als der gedankliche ›Allesfresser‹.

Hautzeichen

Dermatologen räumen ein, daß ihr Wissensstand über die Haut etwa bei zehn bis zwanzig Prozent liegt. Anders ausgedrückt: Die Haut zählt zu den schwierigsten Organen, die zu behandeln und zu erforschen sind. Sind die Augen die Fenster unserer Psyche, so ist die Haut deren Spiegel.

Manche Jugendliche leiden erheblich unter *Hautunreinheiten (Akne)* und dann auch noch so stark unter den zurückbleibenden Narben, daß dauernde psychische Probleme die Folge davon sind.

Während aber spätestens ab dem achtundzwanzigsten Lebensjahr ein Mensch von Akneschüben befreit ist, kann die *Schuppenflechte* (Psoriasis) ihn bis ins hohe Alter verfolgen. Im Gesicht ist sie am deutlichsten am Haaransatz in Form von Schuppen zu sehen. Wenngleich die Schuppenflechte nicht ansteckend ist, zeigt sie manchmal an anderen Körperteilen so unästhetische Erscheinungsbilder, daß mancher davon Befallene enorm in seinem Selbstwertgefühl beeinträchtigt ist und sich vor einer intimen Partnerschaft fürchtet, weil er Angst vor der Minute der Wahrheit empfindet: Dann nämlich, wenn er sich zum erstenmal vor anderen Augen ausziehen muß.

Immer wieder haben sich Arzt oder Psychotherapeut mit Patienten zu befassen, die im Gesicht oder am Hals leicht zu entfernende Hautunreinheiten aufweisen, beispielsweise prächtig entwickelte *Mitesser.* Im nachfassenden Gespräch stellt sich dann oft heraus, daß der Patient vereinsamt ist und sich niemand findet, der ihn auf seine kosmetischen Mängel aufmerksam macht.

Menschen, die *stets gebräunt* sind und dafür gewisse Risiken einer ausgiebigen Sonnenbestrahlung nicht scheuen, wissen, daß in unserer gegenwärtigen Kultur Siegertypen besonders gefragt sind – und Sieger sind heutzutage sportlich, oder sie schauen wenigstens so aus. Übermäßige Besonnung schadet der Haut, ohne gleich an Krebs zu denken. Während ein faltiges Gesicht einem Mann zum Ruf eines Abenteurers verhilft, fällt das Urteil über die Runzeln in einem Frauengesicht weniger schmeichelhaft aus, sogar in der Beurteilung der eigenen Geschlechtsgenossinnen.

Die Mär vom *Schönheitsschlaf,* dem Schlaf vor Mitternacht, wurde wahrscheinlich von jenen aufgebracht, die aus Langeweile frühzeitig schlafen gingen. Wenn manchmal Nachtmenschen eine *pastöse* Haut haben, dann eher wegen des langen Aufenthalts in verräucherten Lokalen und des Konsums von Genußgiften, und nicht wegen ihres ungewöhnlichen Schlafrhythmus.

Bei *blassen* Menschen, hier vor allem bei Frauen, läßt sich auf einen niedrigen Blutdruck schließen, der dann oft Antriebsschwäche, schnelles Frösteln und häufige Stimmungstiefs zur Folge haben kann. Auch eine Untersuchung auf Eisenmangel kann angebracht sein.

Das mit *kleinen Falten übersäte Gesicht* vor allem älterer Menschen hat häufig seine Ursache in einer zu geringen Zufuhr von Flüssigkeit, die durch tägliches Trinken von mindestens zwei Litern Mineralwasser, Tee und dergleichen behoben werden kann.

Schon Hippokrates, der große Arzt der Antike, kannte und beschrieb die *Nasolabialfalte,* jene von den Nasenflügeln zum Mund verlaufende Furche in den Wangen, die auf chronische Magen- oder Zwölffingerdarmbeschwerden hinweist.

Errötet jemand leicht und oft, ist dem keine Bedeutung beizumessen. Die betont emanzipierte Frau wird auch bei Themen, die andere erröten lassen, kühl bleiben, um zu beweisen, daß sie nun endlich mit den Männern auf einer Stufe steht.

Wir dürfen auch keine Kokettiersucht bei einer emanzipierten Frau sehen, wenn sie manchmal in aller Offenheit einem Mann etwas in Aussicht stellt, das sie nie zu halten gedenkt. Sie will sich das Recht nehmen, über heikle Themen nun genauso mehr oder weniger ernsthaft zu diskutieren, wie dies bisher in Gesellschaft nur den Männern gestattet war.

Auch dem *Make-up* kommt Signalwirkung zu. Mit Puder und Farbe sollen Unregelmäßigkeiten kaschiert und das Gesicht so gefällig wie nur möglich gemacht werden.

Angestrebt wird der Ausdruck von gesunder, glatter Haut, guter Durchblutung, vollen Lippen und feurigen Augen – die Attribute der Jugend. Art und Intensität des Make-up hängen aber weitgehend auch von Moden ab.

Aber selbst der totale Verzicht aufs Make-up kann sich als verräterisch erweisen: etwa dann, wenn eine bisher geschminkte Frau plötzlich darauf verzichtet und so weit geht, nicht einmal mehr die grau nachwachsenden Haare färben zu lassen. Ich habe dies wiederholt bei Frauen entdeckt, die depressiv geworden waren und ihr Äußeres vernachlässigten. Stand eine Besserung ihres Zustands in Aussicht, fanden sie wieder die Kraft, sich zu schminken.

Aber auch manche Frau von ungebrochener Gemütsverfassung und ausgestattet mit genügend Zeit und Geldmitteln fürs Schminken verzichtet darauf, obwohl sie sich dadurch eigentlich anziehender gestalten könnte.

Ihre Botschaft könnte lauten: »Ich habe keinerlei Anlaß, mich zu schminken. Ihr müßt mich nehmen, wie mich die Natur gemacht hat.« Insgeheim mag sie hinzufügen: Und die

Natur hat mich wunderbar gestaltet. Eine solche Einstellung braucht nicht Ausdruck von Natürlichkeit oder gar Bescheidenheit zu sein. Gerade eitle Menschen sprechen sich besonders gern von jeglicher Eitelkeit frei. Und Narzisse erkennen nicht einmal, daß sie krank sind.

Haarzeichen und Dekorationsbedürfnis

Im Gegensatz zu den vielen Volksweisheiten über Haarfarbe und Haarbeschaffenheit (Frauen mit blondem Haar sind edel und gutmütig, solche mit schwarzem oder rotem leidenschaftlich; logisch dann, daß borstiges Haar auf widerspenstige Charaktere hinweist, weiches auf Nachgiebigkeit, und was es sonst noch an Analogien geben mag) verfügen Medizin und Biologie nur über wenige gesicherte Erkenntnisse.

Fest steht, daß bei hellhäutigen, blonden oder rötlichen Menschen häufiger Allergien auftreten als bei dunkelhäutigen. Personen, die frühzeitig ergrauen, können trotzdem sehr alt werden; fällt das Haupthaar in Streifen aus, ist dies vielleicht ein Symptom für Gicht- oder Rheumaerkrankungen, bei kreisförmigem Haarverlust für hochgradige Blutarmut, bei brüchigem Haar für Darmerkrankungen. Spalten sich die Haarspitzen, ist der Gedanke an Ernährungsstörungen nicht abwegig, aber auch nicht an eine Mißhandlung des Kopfschmucks durch Verwendung ungeeigneter Chemikalien. Bemerkt der Arzt an den Schläfen unvermittelt auftretendes schwarzes Haar, ist für ihn der Verdacht nicht auszuschließen, daß es sich um einen Tumor handeln könnte, so wie er bei männlichem Haar im Gesicht einer Frau von Störungen ihrer Nebennierenrinde oder ihrer Sexualorgane ausgehen muß.

Zumindest seit dem Beginn der Geschichtsschreibung wird einer Frau größere Nachsicht für ihr Schmuckbedürfnis eingeräumt, so beispielsweise in bezug auf Haarfärben, Haartracht, Verwendung von Perücken oder auf die Gestaltung ihrer Augenbrauen. Es wäre eine ausführliche Untersuchung wert, warum sowohl Männer als auch Frauen härter urteilen, wenn ein Mann versucht, mit Haarfärben, Toupets, Modefrisuren oder Barttrachten sein Äußeres neu zu gestalten.

Offenbar gesteht unser Kulturverständnis den Frauen mehr Modefolgsamkeit zu als den Männern. Wir verübeln es also einer Frau weniger, sich *von außen* steuern zu lassen, das heißt ›ferngesteuert‹ zu reagieren und dem Diktat der Mode lustvoll zu gehorchen. Ob es wohl gewissen männlichkeitsbetonten Herrschaften zu verdanken ist, wenn in gewissen Kreisen angenommen wird, ein Mann verfüge über so viele wesentlichere Qualitäten, als sich sofort dem jeweiligen Modediktat unterwerfen zu müssen?

Die Spanier und ihre lateinamerikanischen Nachfahren bekennen sich wenigstens verbal, wenn auch in der Wirklichkeit ganz selten, zu ihrem Sprichwort, demzufolge ein Mann und ein Bär um so mehr gefielen, je häßlicher sie seien. In den soziologisch mittleren und oberen Schichten soll der Mann immer noch der jeweiligen Mode nachhinken und nicht als ihr bahnbrechender Pionier agieren. Sicherlich bringt ein Zeitgenosse, der versucht, mit seinem Resthaar eine massive Glatze zu kaschieren oder sich durch einen imposanten Bart interessanter zu gestalten, als er wahrscheinlich ist, Mann und Frau gleichermaßen zum Schmunzeln. Vielleicht will er mit dem Bart bloß sein fliehendes Kinn kaschieren.

Über *das Färben von grauen Haaren* wird heutzutage nachsichtiger geurteilt als noch vor Jahren. In einer Zeit, da schon Fünfzigjährige keine großen Berufschancen mehr haben – es sei denn, sie seien bereits arriviert – , muß mancher sein kalendarisches oder biologisches Alter wegfärben. Bei Etablierten mag graues Haar wieder als das genommen werden, was es einmal war: Ausdruck der Lebenserfahrung, der Reife, der Ausgewogenheit.

Je weiter sich gefärbtes Haar von der natürlichen Haarfarbe entfernt, desto stärkeren Signalcharakter besitzt es. Ein faltiges Gesicht unter einem chemisch-strohblonden Wuschelkopf ist ein Widerspruch: Auffallen um jeden Preis? Jugend vortäuschen? Innerer Protest gegen das Altern? Oder nur eine Geschmacklosigkeit des Friseurs?

Wenn dem so ist, warum läßt sich aber jedem soviel Geschmacklosigkeit zumuten?

Grün-, violett- oder blaugefärbtes Haar: Jeder soll sehen, daß ich mir die Haare färbe. Ich habe es nicht nötig, etwas zu vertuschen. Im Gegenteil, ich will schockieren und provozieren.

Läßt sich jemand in noch naturfarbenes Haar eine graue Strähne drapieren, kann sich dahinter ein reines Dekorationsbedürfnis verbergen, weil dieser Farbkontrast ästhetische Wirkung erzielt. Ihm kann aber auch Signalcharakter zugedacht sein: Bin ich nicht besonders empfehlenswert? Nicht mehr unbedarft jung, aber auch noch nicht zu alt, also gerade richtig.

Künstler, deren berufliches Hauptanliegen optimale ästhetische Wirkung und Aussage sind, haben sich selbst seit eh und je durch *äußerliche Besonderheiten* darzustellen versucht, sich beispielsweise anders gekleidet, manchmal auch anders benommen als die philisterhafte Masse. War kurzer Haarschnitt Mode, trugen sie langes Haar. Gingen die Spießer glattrasiert, umwallte des Künstlers Kinn ein Bart. Trug der Bürger einen Schlapphut, bevorzugten die Außergewöhnlichen Hüte mit nur einer Andeutung von Krempe. Und so ist es bis heute geblieben: Wer sich als etwas Besonderes wähnt, vermittelt dies durch Besonderheiten. Eine Baskenmütze (des Berliner Bürgermeisters Ernst Reuter), eine dicke Zigarre im Mund (Winston Churchill, Theodor Heuß), in anderen Kulturen ein besonders großer Nasenring oder Ohrenschmuck, die dann oft als ›Markenzeichen‹ gedacht sind. In der Biographie Churchills erzählt übrigens sein ehemaliger Kammerdiener, daß Churchill meist kalt geraucht und seine Kleidung absichtlich mit Asche bestreut habe.

Die verräterische Kopfhaltung

Viele Raubtiere erlegen ihre Beute durch einen Biß in den Nacken oder durch das Brechen der Halswirbelsäule. Der Mensch erfand als eine der schnellsten Formen des Tötens den Genickschuß. Wölfe gehen ihren Artgenossen bei Rangordnungskämpfen an die Kehle. Unterwirft sich aber der Gegner, legt er sich auf den Rücken und bietet dem Sieger seinen ungeschützten Hals. In den meisten Fällen geht es ihm dann nicht mehr ›an den Kragen‹.

Diese Eigenart ist wieder festzustellen, wenn der Mensch seine einst so gefährdete Halsschlagader und seinen Kehlkopf schützt, indem er in kritischen Situationen *die Schultern hochzieht* und *das Kinn senkt,* wodurch er unbewußt die Angriffsfläche verkleinert. Senkt er den Kopf bewußt oder unbewußt, dann beugt er sein Haupt vor dem Ranghöheren – es sei denn, seine Halsmuskulatur ist so schwach, daß ihm der Kopf von selbst vornüberfällt, wie etwa bei einem Schlaftrunkenen oder durch schwere Krankheit Geschwächten. Umgekehrt kann er den Kopf senken, um wie ein Bulle oder Ziegenbock anzugreifen, natürlich nur symbolisch – von Ringern beziehungsweise Boxern einmal abgesehen.

Fühlt sich der Mensch frei, sicher, vielleicht sogar überlegen, nimmt er eine ganz andere Körperhaltung ein. Jetzt kann er *den Hals offen zeigen,* so wie die Studenten der Restaurationszeit zum Ausdruck ihres demokratischen Freiheitsstrebens offene Hemdkragen trugen, den Schillerkragen. Hoch die Nase, spöttisch oder sauertöpfisch zusammengekniffen der Mund: Das ist die charakteristische Kopfhaltung derjenigen, die viel zu gut sind für eine Welt, die aus ihrer Sicht noch mit moralischem Unrat bekleckert ist.

Lachend werfen wir *den Kopf zurück* bei einer plötzlich sehr erheiternden Nachricht oder Pointe; ist dabei aber unser Gesicht ernst oder gar indigniert, protestieren wir gegen etwas, beispielsweise gegen eine Beleidigung oder eine Zumutung. Hören wir jemandem aufmerksam zu, *neigen* wir *den Kopf zur Seite,* vielleicht *nicken* wir sogar Zustimmung.

Charles Darwin meinte, durch Nicken würden wir uns kleiner machen, wenigstens kurzfristige Unterwerfung unter die Ansichten des anderen signalisieren, und den Kopf legten wir zur Seite, wie wir ihn einst an die Mutterbrust oder auf die Schulter einer Bezugsperson gelegt haben, zu der wir uneingeschränktes Vertrauen hatten.

Bewußt oder unbewußt neigen Frauen beim Flirten gern den Kopf zur Seite; auch wenn sie einen Mann anhimmeln, also den Blick verträumt und andachtsvoll nach oben senden. Das geht viel leichter mit einem seitwärts geneigten Kopf und wirkt auch wesentlich weiblicher, weil es kaum ein Mann tut. Männer flirten und liebdienern anders, deswegen aber nicht weniger. Emanzipierte Frauen halten Männern gegenüber meist den Kopf gerade.

Menschen, die aus beruflichen Gründen viel reden müssen (beispielsweise Pfarrer, Lehrer, Rechtsanwälte), wissen: Neigen ihre Zuhörer den Kopf leicht zur Seite, sind sie bei der Sache und noch aufnahmefähig. Richten sie aber den Kopf auf, während der Referent noch spricht, dann wird es nicht mehr lange dauern, bis der erste auf die Uhr schaut, der zweite in sich zusammensinkt und ein dritter den Kampf gegen den Schlaf beginnt, während andere unbewußt ihren Körper der Tür zuwenden und damit auch dem dickhäutigsten Vortragenden zu verstehen geben: »Jetzt reicht's.«

Gesten ums Gesicht

Meist sind es negative Gefühle, die unsere Hände ans Gesicht oder in seine Nähe führen.

Da gerät jemand in einen unschönen Verdacht: Umgehend wird es ihm »heiß unter dem Kragen«, er zieht mit einem gekrümmten Finger den Kragen vom Hals weg, als wollte er kühlender Luft Zutritt verschaffen. Oder er hat irgendwie das Gefühl, es gehe ihm *an den Kragen,* dann legt er manchmal schützend die Hand vor die überlebenswichtige Halsschlagader und den nicht weniger wichtigen Kehlkopf. Vielleicht reibt er sich mit der Handfläche auch den Nacken, diesen bevorzugten Angriffspunkt verschiedener Raubtiere.

Wenn das, was er gerade gehört hat, nicht zu fassen, so schrecklich ist, daß er die Welt, so wie sie ist, nicht mehr sehen kann, dann bedeckt er entweder seine Augen mit einer Hand oder das ganze Gesicht mit beiden Händen. Diese Geste können wir aber auch bei zu Übertreibungen neigenden oder stark kokettierenden Menschen beobachten.

Reiben wir uns ohne eigentliche Beschwerden *die Augen,* heißt dies soviel wie: »Das kann doch nicht wahr sein. Da muß ich mich getäuscht haben. So etwas darf es doch gar nicht geben.«

Lachen wir dagegen *ins Fäustchen,* tun wir dies wortwörtlich, wohl in der Absicht, den Spott oder die Häme um unseren Mund zu verbergen. Könner vermögen mit der Hand vor dem Mund ein gelangweiltes Gähnen zu verbergen. Wir können aber auch die *Hand an den Mund* bringen, wenn wir ganz genau formulieren wollen oder uns auf unsicherem Terrain befinden.

Möchten wir während einer Besprechung einem gegenübersitzenden Teilnehmer etwas zuflüstern, können wir beide Ellbogen aufstützen und beide Hände vor den Mund halten. Wir tun dies aber auch unbewußt, wenn wir uns der

Wirkung unserer Worte nicht ganz sicher sind – entweder, weil wir Halbwahrheiten oder ganze Lügen produzieren, oder weil wir nicht wissen, wie unsere Worte ankommen werden.

Werfen wir eine Hand vor den Mund, dann ist dies das Zeichen dafür, daß wir etwas gesagt haben, was wir besser unerwähnt gelassen hätten.

So wie dem Kleinkind ein Finger, der Daumen oder der Schnuller als Ersatz dient, so stecken auch noch Erwachsene einen *Finger* oder stellvertretend dafür einen Bleistift oder einen Bügel der Brille *in den Mund,* wenn sie über etwas Kniffliges nachdenken, sonstwie angestrengt überlegen oder mit sich nicht zurechtkommen.

Manchmal legen wir *beide Handflächen an die Schläfen* und benutzen sie als Blenden oder Scheuklappen. Damit wollen wir unterstreichen, daß wir in einer bestimmten Angelegenheit ganz klar sehen, den geraden Weg gehen und jeden aus einer anderen Richtung kommenden Gedanken abweisen. Oft angewandt, kann diese Geste auch Engstirnigkeit charakterisieren.

Legen wir den Zeigefinger *längs der Nase,* wollen wir einer Ansicht besondere Bedeutung beimessen, und unterstreichen obendrein, daß wir dafür eine ganz gute Nase besitzen.

Bewegen wir uns auf dem visuellen Kanal, kann es vorkommen, daß wir Prozeßwörter mit *Gesten* im *Bereich unserer Augen* unterstreichen – etwa, wenn wir mit dem Zeigefinger an einen Bügel unserer Brille klopfen, die Gläser abnehmen oder uns die Augen reiben.

Sinngemäß gilt das gleiche, wenn wir uns *auf den Gehörgang klopfen,* den Zeigefinger von hinten gegen das Ohrläppchen schnellen lassen oder dieses nachdenklich zwischen Daumen und Zeigefinger reiben. (Bei kinästhetischen Aktivitäten bewegen sich unsere Hände im Bereich des Bauchs, der Hüften, der Oberschenkel oder der Knie.)

Wir *stützen den Kopf* in eine Hand oder in beide, gleichgültig ob am Kinn, an den Wangen oder den Schläfen, wenn wir ratlos sind, also eine Möglichkeit zum Anlehnen brauchen, störende Eindrücke ausblenden und uns somit besser konzentrieren wollen. Kinder sitzen oft so auf Treppen oder Bordsteinen, wenn sie ihre Umgebung beobachten. Und je mehr Ihrer Zuhörer mit aufgestützten Ellbogen und dem Kopf in einer Handfläche Ihnen lauschen, desto interessanter sind Sie als Erzähler, als Referent, als Lehrer. Es kann aber jemand sein Kinn mit dem Daumen stützen, den Zeigefinger am Mundwinkel vorbei zur Nase strecken und mit den restlichen Fingern das Kinn abdecken. Neigt er sich bei dieser Handgeste Ihnen zu, dürfen Sie besonders große Aufmerksamkeit erwarten – lehnt er sich aber zurück, müssen Sie mit einer kritischen Überprüfung Ihrer Aussagen rechnen.

Hält jemand mit Daumen und Zeigefinger seine *Nase zu,* dann ist er meist verlegen, und sein Denken zieht Schleifen. Dabei sollten wir ihn nicht stören.

Erfaßt aber jemand seine ganze Nase und schließt womöglich dabei auch die Augen, sieht er noch weniger klar oder ist der Auffassung, er erlebe soeben einen bösen Traum.

Auf den Britischen Inseln kann Nasereiben ein klares Nein bedeuten, übrigens auch im nördlichen Europa: Fragen Sie jemanden, wie ihm sein Urlaubshotel gefallen habe, und er antwortet nasereibend: »Nicht schlecht«, können Sie fast sicher sein, daß er die Unwahrheit gesagt hat.

Natürlich reiben auch wir uns manchmal die Nase, dann jedoch viel energischer, weil sie juckt – im Gegensatz zu unbewußten Gesten. Außerdem wäre es interessant, herauszufinden, ob die Nase nicht deswegen juckt, weil wir unsicher sind.

Wollen wir unsere Gleichgültigkeit gegenüber einer unliebsamen Situation ausdrücken, sagen wir auch: »Das juckt mich nicht.«

Manche Menschen mit *Brillen,* vor allem mit *Halb*brillen, schauen häufig prüfend darüber hinweg und erwecken dann den Eindruck, als würden sie auf den anderen herabblicken, was sie bewußt oder unbewußt auch ausdrücken wollen.

Helmut Schmidt und Franz Josef Strauß (siehe auch Seiten 164 f., 225) nahmen gern am Rednerpult die Brille ab, um zu demonstrieren: »Jetzt sage ich Ihnen mal so etwas Wichtiges, daß ich da gar nicht aufs Manuskript zu schauen brauche. Und ich sage Ihnen dies Aug in Aug.«

Helmut Schmidt nahm bei Interviews nicht nur die Brille ab, sondern schien manchmal mit dem Ende eines Bügels ein störendes Objekt aus dem Auge entfernen zu wollen – oder er steckte sich eine Zigarette an, wenn er sich nicht gar eine Prise Schnupftabak in die Nase rieb.

Einigen Brillenträgern genügt ihr Zeigefinger nicht, um auf etwas hinzuweisen, sie verlängern ihn dann gelegentlich mit dem Brillenbügel, vor allem Politiker.

Die Brille kann aber auch abgenommen werden, um Zeit zu gewinnen, etwa bei Besprechungen. Gelegentlich wird sie sogar einer Generalreinigung unterzogen, obwohl diese aus optischen Gründen überflüssig ist. Übrigens, mit *Pfeifen* können ähnliche Rituale zelebriert werden. Aber im allgemeinen werden aus Protest nur Brillen auf den Tisch geworfen.

Fassen wir uns an ein *Ohr* und biegen die Muschel in einen rechten Winkel zum Gesicht, dann signalisieren wir entweder Hörschwierigkeiten oder aber, daß wir wohl nicht ganz richtig verstanden haben – so unsinnig oder unwahrscheinlich mutet uns das soeben Gehörte an.

Wir können uns aber auch aus Verlegenheit ans Ohr fassen – oder wenn wir scharf nachdenken müssen, um eventuell einen Ausweg aus einer unliebsamen Situation zu finden. Meist wenden wir dann den Kopf leicht zur Seite und schauen nach unten.

Die Hand am Ohrläppchen kann, verbunden mit intensivem Blickkontakt, aber auch etwas ganz anderes bedeuten: Ich rede und rede, obendrein ziemlich schnell, spreche also mehr als 120 Wörter in der Minute. Mein Gesprächspartner könnte während dieser Minute zwar bis zu 650 Wörter aufnehmen, hätte dann aber keine Möglichkeit, über das Gehörte nachzudenken. Aber schon mein Wortschwall ist ihm zuviel. Er möchte auch etwas sagen, mich vielleicht nur bitten, langsamer zu sprechen. In der Schule haben wir gelernt, die Hand zu heben, wenn wir uns zu Wort melden wollten. Das können wir aber nicht immer und überall. Viele heben dann ganz unbewußt die Hand einige Zentimeter und lassen sie wieder fallen, oder aber sie bringen sie bis zum Ohr hoch und halten sich dann mit ihr dort fest.

Spätestens jetzt sollte ich mein Sprechtempo verlangsamen oder unterbrechen und fragend oder einladend den anderen anschauen.

Wenn jemand bei uns mit seinem Zeigefinger das *Unterlid nach unten zieht,* dann will er sagen: »So dumm müßte ich sein«, oder: »Mich kannst du nicht hereinlegen.«

In Italien und Spanien bedeutet die gleiche Geste: »Aufgepaßt! Es besteht Gefahr.« Spanier fügen noch hinzu: »Ojo« (Auge).

Übrigens, die Berührung von Gesichtspartien mit der Hand nimmt in Streßsituationen zu, und Flunkern beispielsweise bedeutet für viele Streß: Da schabt man sich dann am Kinn oder zupft sich am Bart, zwirbelt eine Strähne der Haupt- oder Kinnhaare, läßt durch Daumen und Zeigefinger Hautfalten gleiten, kratzt sich am Kopf, an der Wange oder kneift die Nase zu.

Wiederum wollen wir aber nicht vergessen, daß mancher Dünnhäutige mit reinem Gewissen bei der Konfrontation mit einem Verdacht in größeren Streß gerät als der schwärzeste Übeltäter mit guten Nerven.

Gesichtsausdruck und Persönlichkeitszüge

Von einem im Gesicht sich widerspiegelnden Gefühl auf Persönlichkeitszüge zu schließen, ist die beste Methode, sich zu täuschen. Aufschlußreich für die Persönlichkeitsstruktur ist nicht ein einzelnes Gefühl, sondern sind Häufigkeit und Intensität seines Auftretens. Die Rede soll hier nicht sein von gespielten Gefühlen, etwa vom glücklichen Lächeln sogar bei Gelegenheiten, wo es nichts zu lächeln gibt. Übrigens sind solche Schauspielereien leicht an Inkongruenzen zu entdecken, vor allem im Bereich des Mundes, und hier wiederum an der Unterlippe. Zur Erinnerung: Da lächelt jemand und spannt für den Bruchteil einer Sekunde den Mund zu einer widersprechenden Grimasse an, indem er beispielsweise eine Asymmetrie im Bereich des Mundes, der Wangen oder auf der Stirn erzeugt.

Untersuchen wir zunächst die Zusammenhänge zwischen *Gefühlen, Stimmungen* und *Charakterzügen* sowie schließlich *Neurosen* beziehungsweise *Psychosen.*

A hat Kummer. Das ist ein Gefühl. Hält der Kummer über längere Zeit an, fühlt sich A niedergeschlagen. So nennt er dann seine Stimmung. Dominieren Kummer und Niedergeschlagenheit in seinem Leben, erscheint uns A als ein von Furchtsamkeit und Pessimismus beherrschter Charakter. Und leidet A unter Ängsten, die uns als irrational erscheinen, dann sprechen wir von einer ernsten Störung seines Gemüts im Sinn einer Angstpsychose.

Hat A Kummer, hält dieser bei ihm länger an als vergleichsweise bei seinen Kollegen in ähnlicher Situation. Außerdem erlebt er schneller und öfter Kummer als diese. Schließlich löst bei ihm fast alles in seiner Umgebung Kummer aus. A wird von ihm überflutet: Der Kummer erreicht bei ihm eine *selbsterhaltende Tendenz,* bis A am Ende zu einer dauernd verängstigten, pessimistischen Persönlichkeit geworden ist und auch in noch harmlosen Situationen Anzeichen nahender Katastrophen erblickt.

B ärgert sich schneller als andere; die Auslöseschwelle für Ärger liegt bei ihm niedriger. Außerdem fühlt er sich durch Ärger länger gereizt als andere. Ärger ruft bei ihm Ärger hervor, der schließlich in ihm zu einem aggressiv-feindseligen Persönlichkeitszug heranreift.

C lacht gern und länger als die meisten über einen Gedanken oder Vorfall. Es bedarf bei ihm keiner besonders günstigen Konstellation, in Euphorie zu geraten und dann ›über jeden Mist‹ zu lachen. Einige nennen sein lockeres Gemüt leichtsinnig, andere beneiden ihn um seine Unbekümmertheit oder seine heitere Veranlagung. Im Zweifelsfall neigt C zu Optimismus. Läßt sich dieser aber nicht mehr mit der Realität vereinbaren, spricht der Psychiater von einer Manie – im Gegensatz zu einer Depression.

D dagegen neigt zu Verstimmungen. Er selbst nennt sich ›ernst‹, die anderen dagegen meinen, er sei zu schnell ›eingeschnappt‹. Insgesamt hat er den Ruf, humorlos zu sein und zur Traurigkeit zu tendieren. Diese wiederum könnte sich mit der Zeit zu einer handfesten Depression entwickeln.

E gilt als wählerisch: Einige nennen ihn einen Ästheten, andere stoßen sich an seinem Geschmäcklertum und werten ihn als schwierig ab, zumindest als unnütz kompliziert. Wahrscheinlich würde der behandelnde Arzt einige Überempfindlichkeiten auf E's Karteiblatt vermerken, die, wie übrigens auch in den anderen oben geschilderten Fällen, das gesamte Leben des Patienten beeinflussen: beispielsweise in bezug auf Essen, Trinken, Schlafen, Liebesleben und so weiter.

Je häufiger und länger ›gefühlte‹, also echte, Gefühle im Gesicht erscheinen, desto sicherer können wir auf einen dazugehörigen Persönlichkeitszug schließen. Schneidet der Beobachtete aber bei seinen häufig gezeigten Gefühlen gut ab (im Sinn von Prestigegewinn), ist anzunehmen, daß er uns etwas vorgaukeln will – wenn er sich nicht gar selbst etwas vormacht im Rahmen seiner Lebenslüge. So etwa die Person, die alles ›herzig‹ findet und auch noch das größte Ekel ›ganz einfach lieben muß‹.

Die Stärke des jeweils erlebten Gefühls zeigt sich nicht immer in der Ausgeprägtheit der Muskelsprache im Gesicht.

Hierbei müssen wir die *kulturellen Unterschiede der Maskierung* berücksichtigen. Berichtet ein Italiener seinem Freund über seine letzte erotische Eroberung, wird er mit Gestik und Mimik der Anerkennung nicht sparen, sonst müßte er befürchten, daß der andere seine neue Flamme unterbewerten könnte. Ein Brite wird einem Freund gegenüber den gleichen Gemütszustand wesentlich gelassener ausdrücken und die ›tolle, umwerfende Frau‹ als ›sie ist nicht übel‹ schildern.

Starke Gefühle sind schwerer zu unterdrücken als schwache.

Sehr schwache Gefühle verraten wir oft deswegen, weil wir glauben, sie würden sich in unserer Körpersprache nicht kundtun und wir sie *gar nicht unterdrücken wollen.*

Sich häufig wiederholende Gefühle prägen sich zu einer *Stimmung* aus. Wenn auch noch nicht die letzten Beweise vorliegen, so spricht alles dafür, daß Stimmungen auf körperchemischen Vorgängen beruhen. Giftige Reaktionen, beispielsweise von Vorgesetzten, hat es schon zu allen Zeiten gegeben. Umgekehrt berichtet ein zuvor Zorniger, daß er sich, nachdem die reinigende Explosion stattgefunden hat, nun besser fühle.

Stimmung und Persönlichkeitsstruktur schränken die Fähigkeit ein, konträre Gefühle vorzutäuschen.

Selbst aus der gespielten Traurigkeit eines heiteren Menschen grinst noch der Schalk, ebenso wie das Lächeln eines Depressiven noch seine innere Verwundung widerspiegelt.

Jede seelische Regung will sich in einer körperlichen Bewegung, vor allem im Gesicht, ausdrücken. Vorherrschende Gefühle prägen Gesichtsmuskulatur und Körperhaltung.

Am offensichtlichsten können wir dies an unseren Mundwinkeln erkennen. Nehmen wir etwas Komisches wahr, müssen wir lachen. Dabei werden unsere Mundwinkel in die Uhrzeigerrichtung zehn und zwei gezogen, weil sich die Lachmuskeln *(Musculus risorius et zygomaticus)*, gereizt von einem Nervenstrom, zusammenziehen. Hört der Reiz auf, bringt der Gegenspieler der Lachmuskeln, *Musculus triangularis,* die Mundwinkel in ihre Ausgangslage zurück. Empfinden wir aber Mißstimmung, wird der Musculus triangularis von einem Nervenimpuls gereizt, und unsere Mundwinkel verschieben sich in Richtung sieben und fünf Uhr. Häufige Bewegungen stärken einen Muskel, Untätigkeit läßt ihn erschlaffen.

Wer viel lacht, besitzt starke Lachmuskeln, die die Mundwinkel leicht nach oben ziehen. Sie verraten dann immer eine gewisse Heiterkeit, selbst wenn es nichts zu lachen gibt.

Ärger, Kleinmut, Pessimismus, Depressionen verstärken den Musculus triangularis und fördern die Bildung von nach unten gezogenen Mundwinkeln.

Unsere vorherrschenden Gedanken und Gefühle bestimmen schicksalhaft also auch unser Aussehen, wie umgekehrt Freude oder Enttäuschung über unser Erscheinungsbild auf unsere Gedanken und Gefühle zurückwirken.

Auch der fähigste Bühnendarsteller hält es nicht durch, länger als zwei Stunden Shakespeares tragischen König Lear zu spielen. Selbst den größten Schauspielern gelingt nicht jede Rolle. Um wieviel weniger dann uns, den Mimen auf der Schmierenbühne des Lebens? Anders ausgedrückt: Die Kenntnis der Körpersprache befähigt uns nur in sehr begrenztem Maße und meist nur für kurze Zeit, eine Rolle zu spielen, die uns nicht liegt. Ich kann als Imageberater einem

Parteiredner noch so oft empfehlen, mehr wilde Entschlossenheit in seine Mimik und Gestik zu legen, er wird beim Vortrag seiner auf dem am Schreibtisch formulierten Kampfrede doch nur kraftlos die Faust ballen – und seine Zuhörer spüren, hier spricht nicht der Mann, der zu sein er vorgibt.

Damit aus einer vorherrschenden Stimmung ein das *Gesicht prägender Charakterzug wird,* dazu bedarf es also einer gewissen Disposition.

Wir finden solche Dispositionen bei Angehörigen bestimmter Berufe, etwa langjährigen Offizieren oder Spitzenmanagern. Ihre Tätigkeit zwingt sie, möglichst sachlich und emotionslos zu wirken, sich also zu beherrschen. Früher wurde diese Tendenz noch künstlich gefördert durch die Verwendung von Monokeln oder Zwickern.

Eine winzige lebhafte Gesichtsbewegung würde jedes Monokel und jeden Zwicker in seiner Position vor dem Auge beziehungsweise auf der Nase gefährden. Dies bewirkte oft das *kühle bis kalte Gesicht* des Menschenführers – sei es auf dem Exerzierplatz, im Generalstab oder in den Chefetagen der Konzerne. Auch manchen höheren Geistlichen kennzeichnet ein solcher Gesichtsausdruck. Man sollte jedoch auch nicht die Anziehkraft übersehen, die gewisse Berufe auf hierfür veranlagte Menschen ausüben.

Es ist kein Zufall, daß vielen Herrschern ein *beherrschender Blick* zugeschrieben worden ist. Auch der zu allem entschlossene Wüterich weist solch einen dominierenden, oft furchterregenden Blick auf, der mir übrigens oft auch in Nervenheilanstalten begegnet ist. Denken Sie nur an die Augen des wahnsinnig gewordenen Friedrich Nietzsche, als er sich für den Kaiser, für den Gekreuzigten, für Gott hielt. Befinden sich diese Kranken in einer ruhigeren Verfassung, verliert der Ausdruck ihrer Augen das Unheimliche.

Menschen, die bestrebt sind, anderen ihren Willen aufzuzwingen, verfügen oft über beherrschende Augen. Je stärker sich solche Menschen herausgefordert fühlen, desto zwingender ist ihr Blick – bis dann der durch die Masse schreitende oder fahrende Führer fast jedem den Eindruck vermittelt, er habe ihm tief in die Augen geblickt.

Wollte Napoleon (siehe auch Seite 213) imponieren, setzte er Blicke »mit dem unerträglichen Glanz geschmolzenen Metalls« ein. Als er sechsundzwanzigjährig zum erstenmal einen alten General anschaute, gestand dieser hinterher: »Wenn ich nicht Atheist wäre, würde ich sagen, ich habe soeben Gott gesehen.« Ein anderer General verriet nach dem ersten Blickkontakt mit Bonaparte: »Dieser Hundesohn hat mir Angst eingejagt.«

Natürlich unterschieden sich die blickgewaltigen Augen eines Alexander, eines Cäsar, eines Dschingis-Khan, eines Girolamo Savonarola, eines Napoleon, Grigori Jefimowitsch Rasputin oder Hitler weder anatomisch noch physiologisch vom Sehapparat des Nächstbesten ihrer Zeitgenossen. Es ist der oft aus dem Blick ihrer Augen ersichtliche pathologische Ehrgeiz, Charisma auszustrahlen, sich durch Imponiergehabe durchzusetzen und den Willen der anderen zu beugen, wenn nicht zu brechen. Im normalen Leben mit seinem trivialen Einerlei schauten diese Charismatiker bestimmt ganz normal.

Der Zwang, eine Rolle spielen zu müssen, kann leicht dazu führen, eine Körpersprache zu entwickeln, die mit Charakterzügen verwechselt wird.

Die beruflichen Überlebenschancen des wenig Erfolgreichen sind in den USA besonders schlecht, was jeden dort verpflichtet, Dauererfolge durch Dauerlächeln nachzuweisen – eben das *Keep-smiling.* Wie unecht solches Lächeln ist, wissen am besten die keep-smilers selbst und ihre sie behandelnden Psychiater und Psychotherapeuten.

Durch Jimmy Carters großzähniges keep-smiling lugte meist die Last seines hohen Amts mit seiner ihn erdrückenden Verantwortung, während Ronald Reagan trotz seines Alters jungenhaft-unkompliziert lächelte – ob er nun bei einer Regierungserklärung einen Kalauer servierte oder in einer Pressekonferenz Journalisten abspeiste oder als Frischoperierter aus dem Hinterfenster eines Krankenhauses winkte und einen Daumen zum Zeichen seines Wohlbefindens hochstreckte. Nach vier Jahren Amtszeit sah Carter um fünfzehn Jahre gealtert aus, während Reagan die acht Jahre im Weißen Haus bekommen waren wie der Aufenthalt auf einer Schönheitsfarm.

Glauben Sie keinem Lächeln, das nicht aus dem Leibe kommt, also kinästhetisch ist, gefühlsbedingt. So lächelt der in sich ruhende Buddha; so lächelt, wenngleich ganz anders, das Kleinkind; so lächelt der Amüsierte; so lächelt der glücklichste aller Lächler – jener, der über sich selbst schmunzelt.

Die Gesichtshaut des ehrlichen Lächlers und Lachers ist gut durchblutet, die des aus vollem Halse röhrenden Amüsierten oft so rot wie die eines infarktgefährdeten Hypertonikers. Wer beim Lächeln und Lachen dagegen eine blasse, gelbliche oder gallige Gesichtsfarbe behält, verzerrt sein Gesicht nur zu einer heiter scheinenden Maske, einem Pflichtlächeln.

Gespielte Stärke soll oft den Eindruck eines Charakterzugs vermitteln. Hierbei steht dann ein selbstsicherer Gesichtsausdruck in krassem Widerspruch zu anderen Signalen, vor allem denen der Körpersprache: etwa der Haltung des Oberkörpers, dem Ausdruck von Händen und Beinen. (Siehe hierzu Alfred J. Bierach, *›Hinter der Maske: der Mensch – Durchschauen Sie Verstellung und Rollenspiel!‹* Ariston Verlag, Genf/München 1988.)

Ein Gesicht ist anmutig, beherrscht es die willkürlichen Bewegungen – etwa, wenn jemand ein Kopfnicken oder ein Lächeln steuert und es nicht einem inneren Impuls überläßt, was dabei herauskommt. *Würde* aber setzt die Fähigkeit voraus, unwillkürliche Empfindungen unter Kontrolle zu halten, so beispielsweise ein Bedürfnis zum Gähnen zu unterdrücken.

Wieder müssen wir mehrere Hinweise erhalten, ob Anmut und Würde Charaktereigenschaften geworden sind oder nur einem schnell vorübergehenden Wunsch entsprechen, einem gesellschaftlichen Kodex gerecht zu werden. Bundespräsident Richard von Weizsäcker demonstriert beispielhaft bei seinen öffentlichen Auftritten Würde, während andere Spitzenpolitiker es in der Öffentlichkeit keine Minute lang unterdrücken können, an ihrer Krawatte oder ihrem Sakko herumzufingern. Andere unterlaufen ihre Würde, indem sie bei öffentlichen Auftritten die Wirkung ihrer Sätze durch fragende Blicke in die Zuhörerschaft testen und dann nach vermeintlich besonders gelungenen Bemerkungen ihre selbstgefällige Zufriedenheit nicht unterdrücken können.

Läßt sich jemand, der nie zu Anmut und Würde erzogen worden ist, sondern eher zum Ausleben seiner jeweiligen Emotionen, Affekte und Gefühle, in Streßsituationen gehen, ist sein Verhalten anders zu beurteilen, als wenn jemand trotz besseren Wissens gegen anerzogene Prinzipien verstößt. Der eine ist unerzogen, der andere ungezogen.

Wenn Lord Philip Dormer Stanhope Chesterfield in seinen ›Letters to his Son‹ schreibt, er habe als Erwachsener unzählige Male gelächelt, aber nie mehr laut gelacht, dann scheint er den Unterschied zwischen Anmut und Würde genau gekannt zu haben – was übrigens uns Heutige allerdings nicht verpflichtet, zum Lachen in den Keller zu gehen, damit es niemand wahrnehmen möge.

Andererseits wirkt lächerlich, wer sich angesichts nichtssagender, belangloser Momente würdevoll gibt. Stellen Sie sich vor, Sie würden in einem Theaterstück einen König beziehungsweise eine Königin darstellen. Wahrscheinlich trügen Sie den Kopf etwas höher als sonst und würden auch die

Lippen etwas anspannen, als wollten Sie dem Volk signalisieren: »Ich bitte mir Respekt aus!« Betritt aber mit solch einem Gesichtsausdruck der kleine Zweigstellenleiter einer Bank sein Büro, wirkt er gespreizt. Sitzt er beispielsweise kurz darauf jedoch locker an seinem Schreibtisch, dann war seine Rolle nur gespielt.

Ein Gefühl für die *geheuchelte Ehrenhaftigkeit* eines Tartüffs erhalten Sie, wenn Sie Ihre Gefühle und Ihren Gesichtsausdruck bei folgender Übung studieren: Sie schauen irgendeinen Gegenstand an (eine Kaffeetasse, einen Bleistift, ein Buch und dergleichen) und entrüsten sich über ihn mit den Worten: »Du böses, böses Ding du, wie konntest du mir nur so etwas antun!« Unbewußt werden Sie hierbei den Kopf bewegen und die Lippen etwas spitzen.

Und schließlich stoßen wir gelegentlich auf *backfischhafte Koketterie,* die sich ziert, wenn wir von jemandem etwas wollen. Ein Seminarleiter stellt jemand eine Aufgabe, worauf dieser oder diese den Kopf zur Seite legt, die Augen zum Himmel dreht und murmelt: »Ach Gott, warum schon wieder ich?« oder »Wie soll ich nur so eine schwere Aufgabe lösen?!«

Übrigens, Gefühle in Gesichtern lernt am treffsichersten lesen, der selber Rollen gestalten kann, beispielsweise Schauspieler. Der prominente russische Mime und Regisseur Konstantin Sergejewitsch Stanislawski baute auf diesem Gedanken seine Unterrichtsmethode auf. Danach soll der Schauspieler, der zum Beispiel einen Heuchler darzustellen hat, sich genau an eine bestimmte Szene aus seinem eigenen Leben erinnern, bei der er geheuchelt hat; er soll dieses Gefühl wieder in sich aufleben lassen und in die Person legen, die er auf der Bühne verkörpert.

Um diese Rollenaufgabe zu verwirklichen, muß sich der Schauspieler nicht nur stark konzentrieren, sondern auch entsprechend entspannen können, um den geistigen und gefühlsmäßigen Zugang zu seinem Unbewußten zu ermöglichen, wo solche Vorfälle plastisch gespeichert sind.

Alles, was wir gut können, können wir nur gut, weil wir es unbewußt beherrschen. Der Anfänger und der Stümper müssen sich noch fragen, wie etwas geht. Der Könner sagt sich nur, was er will. Das Wie erledigt sein Unbewußtes. Auch bei der Kunst, in Gesichtern zu lesen.

Interpretieren wir Körpersprache, müssen wir oft in Bruchteilen von Sekunden so viele Informationen gleichzeitig registrieren, daß wir intellektuell diese Aufgabe nicht bewältigen könnten. Wir sind nur in der Lage, neben dem einen oder anderen Detail den Gesamteindruck aufzunehmen, der nicht bewußtes Analysieren in uns auslöst, sondern Gefühle – etwas, das in diesem Moment unser Gegenüber bewegen mag. Wir erinnern uns: Dieser durch Gehirnforscher nachgewiesene Analysemechanismus arbeitet unbewußt. Wir können um so mehr Gefühle bei anderen nachempfinden, als wir selbst welche am eigenen Leib erlebt haben. Menschen, denen nichts Menschliches mehr fremd ist, sind unter gleichen Bedingungen daher als Menschenkenner denen mit einer beschränkteren Lebenserfahrung überlegen. »Wer einmal den Menschen in sich begriffen, der begreift alle Menschen« (Stefan Zweig).

Auch das Lesen in Gesichtern muß geübt werden. Beobachten Sie im Café, im Restaurant, im Wartesaal, im Zug, während des Fernsehens ohne Ton Menschen und versuchen Sie nachzuempfinden, was in Ihren Mitmenschen jetzt wohl vor sich geht an Gefühlen, an Stimmungen, an Gedanken. Natürlich werden Sie sich anfangs sehr häufig täuschen, aber nach und nach durch Übung hinzulernen. Übrigens, machen Sie solche Tests mit einem Partner, einer Partnerin. Beobachten Sie also eine bestimmte Person und unterhalten Sie sich mit ihr darüber. Dann wird es bald für Sie keinen langweiligen Menschen oder Ort mehr geben.

2

Gesamtschau

Grundsätzlicher Hinweis

Im ersten Teil dieses Buches wurde mit Nachdruck darauf verwiesen, wie wenig von einer bestimmten Stirn-, Nasen-, Lippen-, Ohren- oder Kinnform auf Persönlichkeitsmerkmale zu schließen ist. Wenn wir nun trotzdem solche Gestaltformen in unsere Betrachtung einbeziehen, dann ab jetzt im Sinn einer Gesamtschau. Waren es im ersten Teil die Mosaiksteinchen, so beschäftigen wir uns jetzt mit dem aus einzelnen Elementen zusammengesetzten Gesamtbild als einer Art Morphogenese: der Frage, was bestimmte Kräfte (Alterungs- und Reifeprozesse, Umwelteinflüsse, genetisch bedingte Veranlagung, aber auch Ausbildung oder Verformung) aus dem Ausgangsmaterial gemacht haben. Ebenso sei nochmals daran erinnert: Einzelzeichen verraten uns etwas über den geistig-psychischen Zustand eines Individuums genau zu jener Zeit, da sie zu beobachten sind. Schaut ein Mann eine Frau mit einem herausfordernd-frechen Blick an, dann heißt dies, daß er sie in dieser Situation mit besagtem Blick auf sich aufmerksam machen will, ihr also eine bestimmte Botschaft vermittelt. Ertappe ich einen Gesprächspartner bei einem verschlagenen Blick, kann ich nicht davon ausgehen, daß ich es mit einem unehrlichen, hinterlistigen Menschen zu tun habe, sondern unter Voraussetzung der richtigen Interpretation des Blicks nur überlegen: Zwingt ihn meine Art, vielleicht das ihm unangenehme Thema oder seine Verhandlungsschwäche oder irgendwas anderes, mir momentan, länger oder vielleicht auch weiterhin mißgünstig-ausweichend gegenüberzustehen? Ich darf aber nicht vermuten: Dieser Mensch benimmt sich zu allen unehrlich, mißgünstig, schadenfroh, hat also eine solche Persönlichkeitsstruktur.

Ich sage etwas über sein gegenwärtiges Verhalten aus, nicht aber über sein Wesen.

Spuren der Zeit im Gesicht

Stellen Sie sich bitte das Gesicht eines gesunden Kindes von vier, fünf Jahren vor: Rundungen vom Kopfhaar bis zum Kinn, ebenso an den Körperpartien ohne Babyspeck. Groß die Augen, übergroß die Pupillen; rund die Nasenlöcher, die auch bei leicht gesenktem Kopf noch zu sehen sind; der Mund wie ein Blumenkelch, prall gefüllt die vollroten Lippen, die Mundwinkel eher nach oben gezogen; faltenlos die Pfirsichhaut.

Und nun das Gesicht eines alten Menschen von guter Gesundheit: Seine Stirn hat die weiche Rundung verloren, ist wahrscheinlich entweder steiler oder zurückfliehender geworden – auf alle Fälle eckiger. Die Augen sind eingesunken, oft auch noch durch hängende Oberlider verkleinert. Die Nase, einst stupsig, hat sich so ausgeprägt, daß man die Nasenlöcher nur noch bei einem Blick von unten her sehen kann. Manchmal ist der Mund nur noch ein energischer Strich, ohne Lippen, mit hängenden Flügeln. Und wie energisch und oft er in seinem Leben zusammengekniffen worden ist, erzählen die Senkrechtfältchen zwischen Nase und Oberlippe, die nur beim Lachen kurzfristig verschwinden.

Auch das Kinn hat seine einstigen Rundungen verloren, ist entweder breit und kantig geworden beziehungsweise vorspringend spitz, oder es hat sich zurückgezogen. Zwei tiefe Falten graben sich von den Nasenflügeln zu den Mundwinkeln ein; Wangen und Schläfen sind oft eingesunken, und sind es die Wangen nicht, dann hängt dort schwabbeliges Fleisch. Auch sonst ist das Gesicht voller Täler und Hügel. Vielleicht sind zwei Ausbuchtungen über den Augen hervorgetreten, ist in der Mitte der Stirn eine leichte Senke entstanden, und möglicherweise haben sich in der dritten Etage der Stirn nochmals Ausbuchtungen gebildet... Damit nun die älteren Semester meiner Leser nicht auf den Gedanken kommen, ich weidete mich an dem Werk, das der Zahn der Zeit in einem Gesicht anrichten kann: Ich habe mich soeben nur selbst porträtiert.

Erheblich grausamer und widernatürlich dagegen diese Beobachtung: Verhungernde Kinder in der Dritten Welt haben meist den Gesichtsausdruck von Greisen, den bitteren, anklagenden Zug um Augen und Mund, so als wollten sie fragen: War dieses Leid alles, was mir die Erde in den paar Jahren meines Daseins zu bieten hatte?

Vereinfachend können wir sagen: Das Gesicht des gesunden Kindes lacht uns an: offen, harmlos wie ein frisch gepflückter Apfel. Das Antlitz der Alten erinnert dich an eine verhutzelte, noch bedingt genießbare Frucht vom Baum der Erkenntnis. Und manches alte Gesicht läßt an jemand denken, der jahrzehntelang verbissen gegen Schnee- oder Sandstürme oder Schimären angekämpft hat. Gewiß, diese Wandlung hat die Zeit getan. Aber welche Verwandlungen hat dieselbe Zeit im Charakter, in der Lebenserfahrung, in der Weltsicht, im Gemütsleben des Menschen vollbracht?

Gesichter lesen im Sinn einer Gesamtschau heißt zu erkennen: Was hat das Leben aus einem Gesicht gemacht? Wie und wie sehr ist der Übergang von der allgemeinen Öffnung der

Jugend in eine differenzierte Schließung des Altersgesichts vor sich gegangen?

In der Kindheit und in der frühen Jugend dominieren die teilweise kritiklose Aufnahme der Welt, der uneingeschränkte Glaube an die Worte der Erwachsenen – und nicht nur, wenn diese von Frau Holle, Hänsel und Gretel, dem Christkind oder der Bedeutung des Storchs beim Kinderkriegen erzählen. Aber diese Zeit ist auch der Lebensabschnitt des schnellsten Lernens. Es ist, als würden Augen, Ohren, Nase und Mund als weit ausgefahrene Antennen in Strömen den Lernstoff in das Gehirn transportieren. Nach dem fünften, sechsten Lebensjahr lernt ein Mensch nie mehr soviel wie um jene Zeit, da er beispielsweise eine Sprache mit ihrer Grammatik, feinste Nuancen der Aussprache in sich aufnahm, ohne es zu realisieren. Nach dem zehnten Lebensjahr schaffen es nur noch die allerwenigsten, eine Sprache akzentfrei zu lernen (Kissinger-Effekt). Soviel wir auch in den Schuljahren lernen werden, unsere Gedächtnisleistung hat bereits nachgelassen. Dafür aber entfaltet sich allmählich der kritische Verstand. Diese Entwicklung, etwa zur Zeit der Pubertät einsetzend, spiegelt sich im Gesicht: Nicht nur, weil jetzt der Babyspeck verschwindet, nehmen bei den meisten jungen Menschen die Rundungen der Wangen ab. Bei sehr vielen sinken sie sogar leicht ein, und die Backenknochen treten hervor. Ähnliches läßt sich an den Schläfen feststellen.

Und unsere Antennen, mit denen wir mit der Welt in Verbindung stehen, fangen an, sich zu konzentrieren, das heißt, sie verkleinern sich in der Mehrzahl der Fälle: so beispielsweise die Augen, die etwas einsinken und nicht mehr wie die Augen von kleinen Kindern fast auf Höhe der Haut liegen.

Die Nase nimmt ihre spätere Form an, springt mehr aus dem Gesicht, sie dehnt sich buchstäblich, was zur Folge hat, daß sie sich schützend über die Nasenlöcher legt und diese dem Blick entzieht.

Natürlich ist auch der Mund gewachsen. Er hat inzwischen die Form eines Blütenkelchs verloren, wird härter, entschlossener, relativ kleiner; und mancher junge Bursche beißt schon auf die Zähne und preßt die Lippen aufeinander.

Aber auch die Bildung von tiefen Falten, beispielsweise Nasolabial-, Zornes- oder Geschmäcklerfalten über oder an der Nasenwurzel muß als Reduktion (Involution) gedeutet werden – was sie auch ist: Ziehen wir Falten, verringern wir die Oberfläche der Haut.

Bei Fünfzehn-, Sechzehnjährigen können sich leicht Höcker über den Augen und eine leichte Delle in der Mitte der Stirn bilden, schließlich darüber nochmals ein sanft ausladendes Band kurz vor dem Haaransatz.

Auch die Ohren sind größer geworden und künden ihre endgültige Form an, die trotzdem relativ klein ausgefallen sein kann.

Manchmal bilden sich schon bei Jugendlichen zwei Nasolabialfalten von den Nasenflügeln zu den Mundwinkeln, und nicht nur beim Schmollen zeigt sich bereits jetzt oft der Ansatz für den grimmigen Mund späterer Jahrzehnte.

Mit wachsendem Alter wird der Mensch vorsichtiger, überlegt intensiver, verarbeitet mehr und länger seine Probleme und geht in sich. Er wird also introvertierter, was nicht heißen muß, daß er nicht trotzdem ein extravertierter, also allem Äußerlichen zugänglicher Grundtyp bleiben kann.

Auch der extravertierte Erwachsene stellt sich, vor eine Entscheidung gestellt, die Frage: »Was bedeutet es für mich, wenn ich mich so, und was, wenn ich mich anders entscheide?« Die Aufmerksamkeit des Introvertierten richtet sich weniger auf die Objekte in der äußeren Realität – wobei auch Menschen Objekte sind – , sondern mehr auf das Subjekt: also auf sich selbst und seine Subjektivität.

Der Extravertierte beschäftigt sich mehr mit den Objekten als mit sich selbst.

Wir brauchen und vermögen nun nicht all die Enttäuschungen, Kämpfe und Niederlagen aufzuzählen, die ein Menschenleben und das dazugehörende Gesicht kennzeichnen können, bis es als Maske auf dem Sterbebett liegt.

Menschen, die trotz ihres hohen Alters jung geblieben sind, mögen das Gesicht voller Falten, Hügel und Dellen haben: Ihr Antlitz ist aber offen geblieben, hat sich nicht so stark zusammengezogen – ein Eindruck, den vor allem die Antennen vermitteln, also Augen, Nasenlöcher, Mund, Ohren. (›Offen‹ heißt übrigens in diesem Zusammenhang nicht blank oder ehrlich, sondern evolviert, nach außen gewölbt, im Gegensatz zu involviert, ein- oder zusammengerollt, ein- oder zusammengezogen.)

Wie sich im Laufe der Jahre das Gesicht straffen und im Profil aufrichten kann, will die Bildsequenz auf den Seiten 88 und 89 zeigen.

Achten Sie dabei vorwiegend auf die Reduzierung oder das optische Verschwinden von Antennen (etwa der Nasenlöcher) und auf das immer Steilerwerden des Profils, vorwiegend der Stirn und der Kinn-Mund-Partie. Durch das Aufrichten der Stirn türmt sich über den Augen ein Schutzwall auf, der sie etwas einsinken läßt. Die stärker hervorgetretene Nase legt sich über die Nasenlöcher, und auch das ausgeprägte Hervortreten des Kinns strafft oft den Mund und involviert ihn auf Kosten der Lippen.

Bei einer anderen Entwicklung fängt die Stirn an, zu ›fliehen‹ (zurückfliehende Stirn), meist im Zusammenhang mit einem stärkeren Hervortreten der Nase.

Diese Entwicklung geht meist einher mit einer Streckung im Wangen- und Schläfenbereich: Das rundliche oder ovale Kindergesicht wird erwachsen, Ausdruck für die Reifung des Individuums. Diese Streckung ist *ambivalent:* Einerseits vergrößert sie den Rahmen – was einer Dynamisierung entspricht – , andererseits fallen Wangen und Schläfen oft ein, was uns wieder an Zusammenziehen (Involution) und In-sichgekehrtheit (Introversion) bei gleichzeitiger Zunahme des Kritikvermögens denken läßt.

Je mehr sich ein Gesicht zusammengezogen hat, desto in-trovertierter ist ein Mensch geworden. Involution ist gleich-bedeutend mit Introversion.

Das typische Beispiel hierfür ist die plötzliche Veränderung im Gesicht eines Menschen mit einer seelischen Depression, also einer tiefen Gemütsverstimmung infolge einer schweren Enttäuschung. Innerhalb kurzer Zeit überdecken die Oberlider Teile der Augen, die mehr nach innen als nach außen zu blicken scheinen. Der Mund schließt sich, und die Mundwinkel krümmen sich leidvoll nach unten. Handelt es

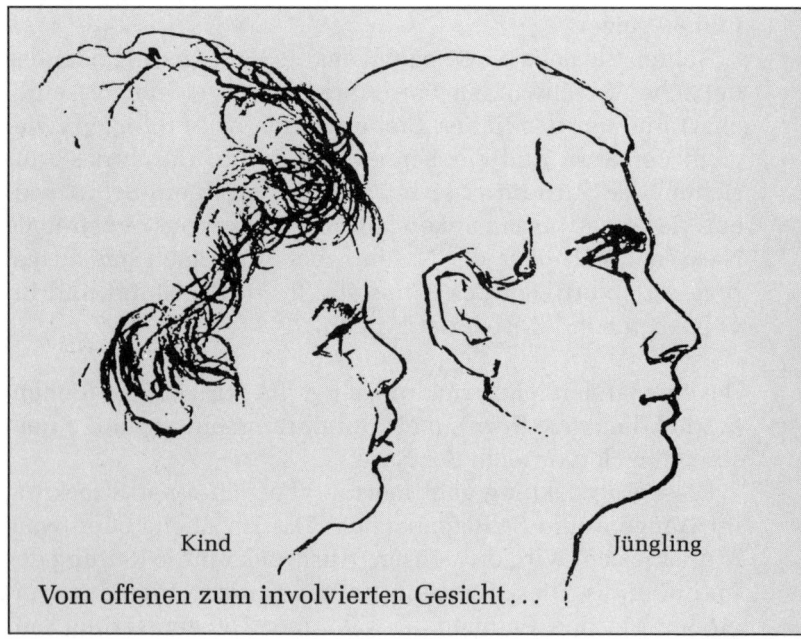

Kind   Jüngling

Vom offenen zum involvierten Gesicht...

sich nicht um eine von vielen Klagen begleitete Depression, fällt es oft schwer, den Patienten dazu zu bringen, im eigentlichen Sinn des Wortes den Mund aufzumachen. Er schottet sich so sehr von seiner Umwelt ab, daß sein Höllenleben nur mehr in seinem Innern stattfindet. Er verschließt sich aber auch sexuell dem Partner, nimmt gerade noch ein Minimum an Nahrung auf und verweigert sich, metaphorisch gesprochen, sogar dem Schlaf.

Bessert sich sein Zustand, öffnen sich seine Lippen wieder zu einem scheuen, flüchtigen Lächeln; er spricht häufiger und mehr, ißt und trinkt wieder mit mehr Vergnügen, die alte Öffnung der Augen kehrt zurück, der Mund blüht auf, und da die Lippen nicht mehr so aufeinandergepreßt werden, zieht es auch die Nasenspitze nicht mehr so stark nach unten,

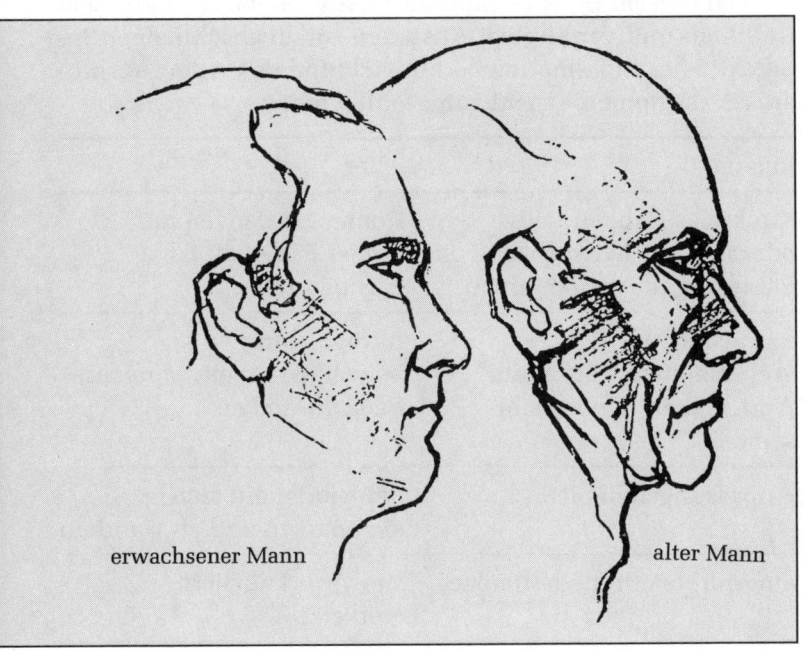

erwachsener Mann   alter Mann

was die Nasenlöcher entspannt und weniger abdeckt. Das Gesicht wirkt wieder verjüngt: Die *Entwicklung von der Offenheit zur Reduktion des Gesichts wurde also unterbrochen und zurückgeleitet.*

Diesen Vorgang können wir häufig beobachten, wenn schwerer Druck von einem Leben genommen wird: Eine achtundfünfzigjährige Frau pflegt nach harmonischer Ehe ihren krebskranken Mann drei Jahre lang bis zu seinem Tod. Dabei involviert ihr Gesicht immer stärker bis zur wächsernen Maske. Die Witwe trifft einige Monate später einen alten Jugendfreund, den das Leben in den letzten Jahren auch nicht gerade verwöhnt hat. Eine einst platonische Liebe wird nun erregend-sinnlich, und innerhalb weniger Wochen sieht die Frau um Jahre jünger aus.

Nach diesem Beispiel einer Renaissance von jugendlichen Gefühlen und verjüngtem Aussehen sollen abschließend intellektuelle und emotionale Entwicklung des Alterungsprozesses zusammenfassend aufgezählt werden:

Jugend	Alter
Konkretes Denken, ohne oder nur mit schwacher Fähigkeit zu Abstraktionen	Konkretes Denken mit großer Fähigkeit zu Abstraktionen
Extraversion Weltoffenheit, Vertrauen, Arglosigkeit, Unbedachtsamkeit	Introversion Verschlossenheit, Vorsicht, Bedachtsamkeit
Anpassungsfähigkeit	Schwierigkeit, sich anzupassen und zu wandeln
amorph, leicht modellierbar	starr, ›verknöchert‹, ›verkalkt‹

Das vorherrschend offene Gesicht

Es gibt viele Menschen, denen bis ins hohe Alter ein weitgehend offenes Gesicht erhalten ist: Die Stirn bleibt rund und ohne besondere Erhebungen und Dellen. Die Augen fallen nicht ein; wie bei einem kleinen Kind sind sie an der Oberfläche der sie umgebenden Haut geblieben. Man kann diesen Offengesichtigen zwar nicht in die Nasenlöcher gucken, aber aus gleicher Höhe von vorne oder von der Seite betrachtet, erscheinen die Nasenlöcher unbedeckt. Manchmal haben die Nasenflügel an Plastizität sogar zugenommen und wölben sich harmonisch wie beim Schnuppern. Statt daß der Raum zwischen Nase und Oberlippe Fältchen geworfen hätte, ist die Mittelrille von der Nasenscheidewand zur Mitte der Oberlippe noch kindhaft aufgebaucht. Diese hat ihren alten Schwung bewahrt, und die Unterlippe lädt immer noch zum Küssen ein. Die Wangen sind rosig und voll, vielleicht scheinen sie nur wegen dominierender Backenknochen eingefallen. Ein paar Falten und Fältchen mehr oder weniger: Dieses Gesicht wirkt auch noch im Alter jugendlich, freilich nicht immer durchgeistigt, nicht sehr verinnerlicht, nicht überaus veredelt – was immer dies bedeuten mag. Aber Millionen von Menschen mit von Alter und Geist geprägten Gesichtern gäben ihres her für das offene von Junggebliebenen. Denn *nicht nur die physiognomische Involution hat in diesen Gesichtern weniger Spuren hinterlassen, auch der Charakter hat sich eine Portion mehr Kindlichkeit bewahrt.*

Die offensten Gesichter findet man unter Schwarzen, vor allem, wenn sie miteinander reden: mit rollenden Augen und einem Lachen aus so weit geöffneten Mündern, daß man fast glauben könnte, in Gesellschaft von erwachsenen Kindern zu sein.

Welches sind diese kindlichen Seiten in einem Menschen, der ›ein großes Kind geblieben‹ ist?

Das Kind muß geschützt werden, es braucht also die Kontakte, ohne die es nicht existieren könnte. Das gesunde Kind geht meist ohne weiteres auf andere Kinder zu, und es ist amüsant zu beobachten, wie schnell sich Kinder unterschiedlichster Sprachen und Rassen verstehen.

Ein Kind weint zwar schnell und wird ziemlich böse auf jene, die seine noch kleine, heile Welt stören, aber genauso schnell läßt es sich wieder beruhigen und lacht. Wie es überhaupt gern lacht, obendrein über kleinste lustige Nebensächlichkeiten. Was vielen Erwachsenen nicht einmal mehr ein Lächeln abringen könnte, bringt ein Kind dazu, Augen und Mund aufzureißen. Überdies hat es oft den Mund offen, auch ohne Atembehinderung (etwa Polypen). Bei angestrengtem Lauschen hält es übrigens den Mund unbewußt auch leicht geöffnet.

Ein Kind beschäftigt sich vor allem mit Konkretem. Es muß alles anfassen, und ab einem gewissen Alter lernt es Teile seiner Umgebung dadurch kennen, daß es sie mit seinen feinsten Tastorganen, den Lippen und der Zunge, probiert. Seine Gedankenwelt beschränkt sich auf das Materielle und ist aphilosophisch, das heißt, vernünftig zu denken interessiert es noch nicht.

Es glaubt jedem Wort und ist lange Zeit unkritisch. Folglich kann man es geistig und auch psychisch sehr leicht beeinflussen.

Da es alles übernimmt, was ihm die Erwachsenen erzählen und vormachen, ist es der Bedeutung des Wortes nach konservativ. Auch der Kind gebliebene Erwachsene hat keine Probleme mit Fragen der Weltverbesserung, des Woher, des Wohin und der Dinge an sich. Eine gute Gesundheit vorausgesetzt, plagen große Kinder keine besonders tiefen Gedanken und irgendwelche individuellen Ungereimtheiten. Sie sind lieber in Gesellschaft, am besten in heiterer, als allein mit Schopenhauer oder Kant.

Gesundheitlich zählen offene Typen zu den ›Unterschätzern‹, und nicht nur gesundheitlich. An der Harvard University hat ein Psychologenteam folgenden Test durchgeführt: Man verband einer Gruppe von Versuchspersonen die Augen und gab ihnen in die rechte Hand ein Holzklötzchen, während sie mit der linken Hand einen Holzstab umschließen mußten, der an Umfang immer mehr zunahm. Sobald die Versuchspersonen glaubten, ihre linke Hand erreiche nun eine Stelle des Holzstabs, die genauso dick war wie das Holzklötzchen in der Rechten, mußten sie ›stopp‹ rufen. Das erste Ergebnis des Experiments entsprach den Erwartungen. Dreißig Prozent der Versuchspersonen schätzten ungefähr richtig, dreißig Prozent überschätzten sich nach oben, während der Rest sich nach unten verschätzte. Die große Überraschung kam erst, als die Psychologen die Verhaltensweisen der Überschätzer und der Unterschätzer näher prüften. Die ersteren empfanden Reize, zum Beispiel Schmerzen, viel intensiver als letztere.

Auch auf Arzneimittel reagierten sie eher als die andere Gruppe. Sie spürten schon eine Wirkung, als den Unterschätzern noch nichts anzumerken war; und im psychischen Bereich waren sie leichter zu kränken. Sie zählten zu den Introvertierten, zu den Menschen also, die Carl Gustav Jung als zögernd, nachdenklich, scheu, mißtrauisch und defensiv charakterisiert hat.

Die Unterschätzer dagegen waren schwerer zur Reaktion zu bewegen. Sie empfanden noch keinen Schmerz, wenn dieser in den Gesichtern der Überschätzer bereits festzustellen war. Sie liebten harte Sportarten, bei denen man den Gegner angehen kann, beispielsweise Rugby. Von einem Medikament mußten sie eine gehörige Portion einnehmen, bis sie etwas verspürten. Die Unterschätzer zählten zu den Extravertierten, zu den Kontaktfreudigen, die sich überall schnell zurechtfinden.

Begum Agha Khan

Das offene Gesicht ist durch eine Streckung im Wangen-
und Schläfenbereich zu einem gefälligen Oval verlängert.
In einem ›schönen‹ weiblichen Gesicht herrscht die emotionale Ebene vor. Eine stark entwickelte Vitalschicht
(siehe ›Der Aufbau des Gesichts nach Tendenzen‹) würde
ein Frauenantlitz plump, primitiv-sinnlich, materiali-
stisch erscheinen lassen. Eine glatte, unzerfurchte Stirn
gefällt mehr als die zerknautschte. Fein die Ohren, die Nasenlöcher, die Augen mit den großen Pupillen, der Mund
mit weißen, gleichmäßigen Zähnen.

Ein schönes Gesicht: hochgradig symmetrisch, offen,
harm- und schmerzlos.

Pelé

Der Prototyp des offenen Gesichts, bar jeder nennenswerten Introversion. Extravertiert, also situationsbezogen realistisch. Dominierend die emotionale Schicht (siehe ›Der Aufbau des Gesichts nach Tendenzen‹): kontaktfreudig, Fußballer aus Temperament.

Bei den Überschätzern genügte eine Winzigkeit Alkohol, und sie waren zumindest beschwipst. Umgekehrt reichte eine schwache Dosis eines Schlafmittels, um sie alle viere von sich strecken zu lassen. Die Unterschätzer dagegen konnten noch nach erheblichem Alkoholkonsum ohne Abweichung eine handbreite Linie auf dem Boden entlanggehen.

Nun sei die Frage gestattet, welche der beiden Gruppen zu Alkohol- und Arzneimittelexzessen neigt: Unter- oder Überschätzer? Als logische Antwort käme nur in Frage: die Unterschätzer.

Aber Irrtum: Es sind die Überschätzer, unter denen es mehr Süchtige gibt, und die auch in puncto Suchtgefährdung dominieren.

Die Bedeutung des Muskeltonus

Jeder quergestreifte Muskel – und nur mit solchen haben wir es im Gesicht zu tun – hat einen Tonus, einen Spannungsgrad, der nervlich bedingt ist. Die Muskulatur nervlich angespannter Menschen ist verspannt bis verkrampft. Wenn immer mehr Menschen über Schmerzen in Halswirbelsäule und Rücken klagen, dann, wie jeder Psychosomatiker nur zu gut weiß, vorwiegend wegen unserer hektischen, unnatürlichen Lebensweise. Deswegen verschreiben auch Orthopäden, die sich mit den schwereren Fällen von Rückenleiden zu befassen haben, bevorzugt Tranquilizer.

Es gibt Menschen, die dauernd unter einer *Hypertonie ihrer Muskulatur* leiden. Dazu zählen die ›Überschätzer‹ der Harvardstudie, aber auch Menschen, die überall Gefahren sehen, wo vielleicht gar keine existieren, oder die wirklich vielen Risiken und Unwägbarkeiten ausgesetzt sind. Hier sei als Beispiel der Geschäftsmann genannt, der die jeweilige

Marktsituation nicht genau genug beobachten kann, um nicht von der Konkurrenz ausgebootet zu werden. Aber auch in der eigenen Firma lauern stets Gefahren, etwa von seiten seiner Mitarbeiter, unzufriedener Kunden, unpünktlicher Lieferanten, eines argwöhnischen Finanzamts und dergleichen mehr. Abends treffen wir diesen Geschäftsmann auf dem Tennisplatz, wo er mit einer Mischung aus Entspannung und Abreaktion Bälle schlägt, in Wirklichkeit nun aber seinen Gegner beobachtet, ihn hetzt und sich von ihm hetzen läßt – also etwas tut, was er schon den ganzen Tag über getan hat. Im Bett verkrampft er sich nochmals, weil er vor lauter unliebsamen Gedanken nicht einschlafen kann, und im Schlaf lassen ihn Alpträume mit den Zähnen knirschen und schweißgebadet wach werden.

Klar, die Muskulatur dieses Menschen spannt sich auch in seinem Gesicht an, wird und wirkt hyperton, auch wenn sich eine Fettschicht darüberlegen sollte.

Die Muskulatur von Menschen mit stark reduzierten Gesichtern ist hyperton, muß hyperton sein; denn vor Gefahren ducken wir uns, mit Falten im Gesicht und angespannter Skelettmuskulatur.

Umgekehrt fehlt vielen Menschen ein Normotonus, also die normale Muskelspannung. Dann leiden sie unter *Hypotonie*. Übrigens geht eine solche muskuläre Hypotonie häufig einher mit einer Hypotonie des Blutdrucks. Das Gesicht kann dann ›aufgeschwemmt‹ wirken, ohne daß ein Zuviel an Körperflüssigkeit vorläge. Das ›Fleisch‹ der Wangen und der Mundpartie hängt schlaff, wie wir es oft bei Übermüdeten oder Kranken sehen, die sich ohne Spannung und Kraft erleben. Manchmal fehlt sogar der Elan, die oberen Augenlider anzuheben, weswegen dann die halbgeschlossenen Augen schläfrig wirken. Auch die Spannung der Mundpartie ist so gering, daß die Lippen offenstehen und sich die Unterlippe schmollend nach unten senkt.

Oscar Wilde

Der große Rahmen mit den zwar nur mittelgroßen Augen, aber stark ausgeprägten Nasenflügeln und dem fleischigen Mund weist Wilde als offenen Gesichtstyp mit schon seit seiner Jugend ausgeprägter Hypotonie aus.

Seine beachtlich große Vitalschicht scheint eher aus Gummi als aus Muskeln und Knochen zu bestehen. Das Profil verrät aber eine deutlich zurückweichende Kinnlade: ein keinem Genuß abgeneigter Mensch, der bedauert, daß der phantasielose Verstand nur sieben Todsünden erfunden hat. Die starke Hypotonie auch in der emotionalen Schicht erklärt, warum ihm sein Leben lang Oberflächlichkeit und Flucht in die Falschheit vorgeworfen worden ist. Angestrengt hat er sich vor allem nur als gesellschaftlicher Mittelpunkt oder wenn er irgendwo mal wieder Geld auftreiben mußte.

Auf Asymmetrien weisen die Augen und die ungleich abstehenden Ohren hin. Schon in früher Jugend hatte er ein so scheußliches Gebiß, daß er gern hinter vorgehaltener Hand sprach. Die ihn kannten, stimmten überein: So kultiviert und geistreich seine Werke auch waren, noch genußvoller war es, ihn plaudern zu hören. Dann entstanden Bonmots von unvergeßlicher Brillanz. Übrigens, was ist ein Bonmot anderes als die blitzschnelle Vereinigung zweier nicht zusammengehörender Begriffe oder Gedanken?

Wie man von der Muskulatur eines Hypertonikers schnellere und kräftigere Reaktionen erwarten darf als von der eines Hypotonikers, so stecken im muskulären Hypertoniker mehr Energie, eine größere und eine schnellere Entschlußfähigkeit und ein ausgeprägtes Bedürfnis nach Kontakten.

Eine sehr starke Muskelspannung im Gesicht kann aber auch ein Hinweis auf mangelnde Sensibilität gegenüber anderen oder insgesamt gegenüber Neuem sein. Menschen

---

Hitlergeneräle Keitel und Sperrle

Eines der Druckmittel Hitlers, den österreichischen Bundeskanzler Kurt Schuschnigg 1938 zum Anschluß Österreichs an Deutschland zu erpressen, war unter anderen die Präsentation der Generäle Keitel und Sperrle, die er eigens zu dem Treffen auf den Obersalzberg bei Berchtesgaden hatte kommen lassen, um den österreichischen Politiker einzuschüchtern.

unter solchem Aspekt repräsentieren ein biologisches Phänomen: nämlich eine Mimose mit Stacheln und Dornen.

Beim muskulären Hypotoniker können die guten Anlagen des offenen Charakters abgeschwächt sein, bis hin zur Gleichgültigkeit gegenüber Pflichten, Mitmenschen und geistigen Herausforderungen. Eine starke Hypotonie läßt vielleicht sogar auf Energiemangel, Trägheit, Schwerfälligkeit und eine Aktivität im Zeitlupentempo schließen.

Das stark reduzierte Gesicht

So wie wir immer wieder Gesichter sehen, die in der allgemeinen Involutionstendenz nur unterdurchschnittlich repräsentiert sind, so fallen uns nicht weniger oft Menschen auf, die besonders stark der Involution unterworfen sind. Dies will nun nicht andeuten, daß sie deswegen biologisch verbrauchter sein müßten, als es ihr kalendarisches Alter nahelegt. Ihr Gesicht ist nur verschlossener, und ihre Antennen haben sich besonders stark reduziert.

Oft hatten diese Menschen schon im Säuglingsalter kleinere, tieferliegende Augen, ein spitzeres Näschen mit winzigen Nasenlöchern und einen kleineren Mund mit weniger prallen Lippen.

Menschen mit einem involvierten Gesicht neigen zur Introversion: zu Hemmungen, zur Zurückhaltung, zum Mangel an Spontaneität, zur *Kontaktarmut.*

Ohne Paranoiker zu sein, sehen sie manchmal mehr Feinde, als sie in Wirklichkeit haben, so wie sich ein Offengesichtiger nur zu gern, zu schnell und zu stürmisch neuen Bekanntschaften anvertraut.

Schon immer haben Introvertierte unter ihrem großen Manko, nämlich ihren Hemmungen, Ängsten und der daraus resultierenden Kontaktarmut, gelitten. Heutzutage um so mehr: Im Zeitalter der Werbeaufdringlichkeit, der routinierten Kommunikation und einer narzißtischen Imagepflege spuckt, wie einst der Wal den Jonathan, die Gesellschaft einen Menschen aus, der nicht schnell Freunde gewinnt und Liebkind von Hinz und Kunz ist.

Der eigentliche Kontaktmensch (etwa der Mensch mit dem offenen Gesicht) geht leicht Bindungen ein, und sie bedeuten ihm etwas. Er könnte ohne sie nicht glücklich sein.

Im Sinn einer Adlerschen *Kompensation* lernt der kontaktarme Introvertierte die Technik der Kontaktnahme vorbildlich, beispielsweise in Seminaren über Kommunikation, Verhandlungstechniken, Führungstraining, Verkaufsschulung und dergleichen mehr. Gerade weil er zu anderen keinen tieferen Bezug findet, kann er es mit allen – wie etwa der berühmte, in der Menge badende Politiker, der jedem die Hände schüttelt, scheinbar beglückt lacht und lächelt, Babys drückt und küßt, Kalauer en masse wiederholt und vielleicht nur von einem einzigen ehrlichen Gedanken beherrscht wird: »Gut, gut, das bringt Wählerstimmen.«

Hinzu kommt eine latente Ängstlichkeit des Introvertierten vor anderen. Ausnahmen sind vielleicht diejenigen, die auch dies kompensieren in der Manier, die an den verängstigten Jungen erinnert, der keß pfeifend durch den nächtlichen Wald geht und hinter jedem dicken Baumstamm einen Räuber vermutet.

Der Introvertierte beschäftigt sich viel mehr mit sich selbst als der Extravertierte, in unserem Fall die Person mit dem offenen Gesicht. Überhaupt denkt der Introvertierte mehr als der Extravertierte – was beileibe nicht für eine größere Intelligenz spricht, sondern für den Hang zum Räsonieren, vielleicht auch zum Grübeln, zum Quengeln. Natürlich ist er wegen seiner größeren Egozentrik schneller und ausgiebiger beleidigt als der Extravertierte. Verstimmungen klingen bei ihm viel länger nach. Meist glaubt er sich auch aus besserem, wertvollerem Holz geschnitzt als der unkomplizierte, offene Charakter.

Der Involvierte kann einiges hinnehmen. Da er sich aber wegen seiner großen Selbstbeherrschung nicht gleich abreagiert, sammelt sich in ihm manchmal so viel an, daß es hier und da zu explosionsartigen Ausbrüchen kommt, die niemand bei ihm vermutet hätte.

Von den gegenwärtigen Politikern seien zwei genannt, die als Beispiele für reduzierte Gesichter dienen sollen: François Mitterand und Wojciech Jaruzelski.

François Mitterand

Ein stark involviertes Gesicht, das mehr nach innen als nach außen gerichtet ist, mehr vermuten als verlautbaren läßt, geheimnisvoll, unnahbar.

Abgeschirmt von Leuten seiner Wahl gibt sich Mitterand sowohl als theoretisierender Idealist als auch als handfester Wahlkämpfer, stets aber imageorientiert, machtbewußt.

Die Höcker über den Augen und die Involution in der Mitte der Stirn weisen ihn als scharfen Beobachter und als Sinnierer aus, der eher reflektierend als impulsiv, eher strategisch als improvisierend vorgeht.

107

Wojciech Jaruzelski

Ein stark reduziertes Gesicht mit einem verbissenen Mund, der nichts ausspricht, was nicht zuvor von der dominierenden geistigen Etage akzeptiert worden ist.

Die fein modellierten Ohren und die kräftig entwickelten Nasenflügel verraten Sensibilität. Mit seinem vorgeschobenen Kinn scheint er sich die Menschen vom Leib zu halten. Dies kann aber nur Täuschung wie einst bei Mussolini sein, der so Willenskraft vortäuschen wollte.

Mit der Maskenhaftigkeit seines Gesichtsausdrucks und der zackigen, marionettenartigen Körpersprache verrät der Pole, wie wenig ihm eine natürliche Kontaktaufnahme liegt und wie brav jede Bewegung einstudiert ist, wobei der Schüler so unbegabt gewesen sein muß wie seine Lehrer schlecht.

Mitterand dagegen ist Politschauspieler par excellence, der beredt schweigen kann, jedes Lächeln plant – Lachen aus seinem Gesicht sowieso verbannt hat als eines Monarchen unwürdig – und inzwischen so weit aus den Niederungen der gewöhnlichen Politik abgehoben hat, daß ihn die Franzosen nicht mehr ›tonton‹ (Onkel) nennen, sondern ohne Spott ›Dieu‹ (Gott).

Das Gesicht des Egozentrikers

Zeigen sich nur *kleine Antennen in einem großen Gesichtsrahmen,* ist der Gedanke an einen moralischen Geizkragen, der sich im allgemeinen als *Egozentriker,* wenn nicht gar als *Egoist* betätigt, gar nicht so abwegig. Dieses Gesicht findet sich überdurchschnittlich häufig bei Menschen, die nach Macht und Besitz streben.

Der *Gefühlsegoist* wünscht sich mehr Liebe, Zuneigung, Aufmerksamkeit – insgesamt also Hingabe – , als er bereit ist, herzugeben.

Der auf *Besitzvermehrung* stark orientierte Mensch erreicht sein Ziel nur, wenn auf die Dauer wesentlich mehr in seine Taschen fließt als heraus. Der an politischer Macht Interessierte will mehr zu sagen haben als andere. In diktatorischen Staaten kann und konnte der Mächtige aus einer Laune heraus dem anderen sogar die Ehre, die Freiheit, die Gesundheit, das Leben nehmen. Heinrich VIII. (siehe auch Seite 218) mag stellvertretend für viele ähnlich große Egozentriker stehen.

Heinrich VIII. von England

Die steile Stirn erhöht den Grad der Introversion, der Beschäftigung mit sich selbst. Mustergültig egozentrisch.

Relationen zwischen Gesichtsrahmen und Antennen

Die Riesenantenne auf einem Ministerium mag normal erscheinen, die gleiche Antenne auf dem Dach eines Einfamilienhäuschens würde an einen Fernseh- und Funknarren denken lassen. Der Mund im offenen Gesicht der Begum Agha Khan wirkt angenehm proportioniert. Ein Mund von gleicher Art in einem kleinen Gesichtsrahmen würde durch seine Größe auffallen. Und was hier vom Mund gesagt worden ist, gilt sinngemäß für die anderen Antennen des Gesichts – also für die Augen, die Nasenlöcher, die Ohren, den Gehörgang.

Es gibt insgesamt *vier Relationen zwischen Gesichtsrahmen und Antennen:*

1. Der Gesichtsrahmen ist großflächig, und die Antennen sind ebenfalls von so ausgeprägter Beschaffenheit, daß sie selbst innerhalb einer ausgedehnten Fläche noch groß und geöffnet wirken. Hierbei handelt es sich um das typische offene Gesicht.
2. Der Gesichtsrahmen ist großflächig, die Antennen sind klein. So charakterisierten wir das reduzierte Gesicht.
3. Der Gesichtsrahmen ist klein, die Antennen sind groß und geöffnet: das Gesicht des Reagierenden, das im folgenden besprochen werden soll.
4. Der Gesichtsrahmen ist klein, vorwiegend schmal, und die Antennen sind so klein und geschlossen, daß sie selbst auf dieser Minimalfläche wenig auftragen: das extrem reduzierte Gesicht.

Das Gesicht des Reagierenden

Es ist das Antlitz eines Menschen, dessen Antennen, vor allem die Augen, übergroß und beherrschend innerhalb eines relativ kleinen Rahmens wirken. Kennen Sie nicht auch das Gesicht eines Kindes, dessen Temperament wir schmeichelhaft als ›sehr lebhaft und vif‹, weniger wohlwollend als ›nervös und zappelig‹ bezeichnen? Jeder dem Kind unbekannte Gegenstand reizt es sofort und so stark, daß es ihn anfassen muß, auch wenn die Erwachsenen es verbieten. Tut sich irgendwo etwas anderes, folgt die Ablenkung unmittelbar.

Immer ist dieses Kind in Bewegung, manchmal so hektisch, als hätte es Ameisen in der Hose. Erlaubt man ihm, den Fernseher zu bedienen, schaltet es von einem Programm zum anderen, stets auf der Suche nach noch Aufregenderem. Kein Wunder, wenn dann bald seine Kräfte erschöpft sind und es Ruhe braucht. Aber selbst wenn es ins Bett gebracht werden muß, veranstaltet es noch Theater und muß auch dann noch so lange beschäftigt werden, bis es einschläft. Und dann ist man immer noch nicht sicher, ob es nicht einige Minuten später, entweder weinend oder mit wiederum hellwachem Gesicht, im Wohnzimmer steht.

Ich habe einmal an einem psychologischen Test mitgearbeitet. Der Test war folgendermaßen aufgebaut: In einem kleinen Saal lagen Kinderspielsachen auf dem Boden; allerdings nur drei Grundtypen. Der Saal war durch einen kleinen, leicht überkletterbaren Zaun in zwei Hälften getrennt. Und dann ließen wir vier- bis sechsjährige Kinder eintreten. Ein Teil von ihnen schnappte sich nach einer kurzen Orientierung ein Spielzeug und beschäftigte sich damit. Die anderen aber zeigten für die Gegenstände vor dem Zaun überhaupt kein Interesse, sondern überkletterten ihn sofort, um sich bald darauf mit ihren dortigen Funden zu langweilen.

Bevor wir diesen Test durchführten, hatten wir die Kinder untersucht und Vermutungen ausgesprochen, ob sie ihr Spielzeug vor oder hinter dem Zaun suchen würden. Unter den ›Kletterern‹ waren dann die meisten derjenigen Kinder zu finden, die sich in psychologischer Behandlung befanden.

Bestimmt kennen auch Sie Erwachsene, deren Gesicht nur aus großen Augen und einem großen Mund zu bestehen scheint. Je kleiner der Gesichtsrahmen, desto größer scheinen die Augen zu sein. Dieser Mensch, der ›nur noch Augen‹ zu sein scheint, reagiert auf seine Welt, weswegen ihn der Vater der Morphopsychologie, Corman, auch den *Reagierenden* genannt hat.

Erinnert Sie das nicht ein wenig an den reizüberfluteten modernen Menschen? Unter den Reagierenden sind besonders viele Tausendsassas zu finden, lebhafte Menschen, die mit jedem zurechtkommen, wenn sie nicht allzu großen seelischen Tiefgang befürchten müssen. Sie können sich sehr schnell einer Situation anpassen, finden auch aus verfahrenen Lagen noch einen Ausweg und zeichnen sich eher durch Improvisation als durch Organisation aus. Ein Schema, das auf lange Sicht die einzuhaltende Vorgangsweise festlegt, ist ihnen ein Greuel. Im Notfall bluffen sie nicht nur gern, sondern auch gekonnt. Als Kinder können sie oft schon schreiben und lesen, bevor sie in die Schule kommen. Dann glauben die Eltern an eine glänzende Karriere ihrer Nachkommenschaft. Treten indes die ersten schulischen Schwierigkeiten für die jungen Talente auf, und müssen sie aufhören zu brillieren, tauchen sie schon in der Masse unter.

Fähigkeiten, mit denen sie soeben noch glänzten, sind für sie im nächsten Moment nicht interessant, wenn man diese näher hinterfragt.

Überhaupt kann mangelnde Ausdauer das Problem des Reagierenden werden. Er langweilt sich bald, weil er schnell etwas kapiert hat und ihm das ewige Einerlei der Wiederholung auf die Nerven geht. Berufe, die viel geduldige Kleinarbeit verlangen, liegen ihm wenig, beispielsweise die Arbeit des Chemikers, der Laborantin, überhaupt des Forschers. Nicht der epische Roman ist seine Stärke, sondern das Bonmot, das Aperçu, der Essay.

Mit großer Ausdauer liebt er nur die Abwechslung, etwa den Schauspieler- oder Regieberuf, die Arbeit als Journalist oder Verkäufer im Außendienst, als Conferencier.

Menschen, die sich verausgaben können, wenn sie von einer Sache überzeugt sind, oder wenn sie im Mittelpunkt stehen, haben oft anderntags ein Gefühl der Leere in sich und fühlen sich ausgebrannt. Dann ist vom sprühenden Geist des Vortags nichts mehr zu erkennen, und man versteht, wenn er plötzlich von der Leere seiner Existenz spricht. Häufig wird er dann launisch genannt, vielleicht sogar leicht depressiv. Aber warten Sie nur, bis es Abend geworden ist: Hat er wieder Zuhörer und Bewunderer, denkt er an alles, nur nicht an seine Zweifel vom Morgen. Himmelhochjauchzend – zu Tode betrübt.

Auffallend viele Reagierende sind in der Welt des Theaters und des Films zu Hause, eine Tatsache, die nicht weiter verwundert: Je feinnerviger der darstellende Künstler auf seinen Part reagiert, desto überzeugender spielt er seine Rolle. Zur Not mögen auch Laienschauspieler Haltung, Gestik und Stimmführung eines ihnen fremden Charakters mimen, aber inwieweit sich jemand mit einer Rolle identifiziert, verraten Nuancen in Auge, Mimik und Stimme. Große, den Betrachter einfangende, oft gar auffressende Augen (etwa die Augen Liza Minnellis), vibrierende Nasenflügel und eine für feine Regungen durchlässige Mundmuskulatur erleichtern den Exhibitionismus, den der Schriftsteller Egon Friedell, selbst begabter Schauspieler, ganz in der Nähe der Prostitution ansiedelt.

Edith Piaf, Charles Aznavour

Große Antennen in einem kleinen Rahmen, das Gesicht des Reagierenden also. Jahrelang beobachtet Charles Aznavour den Weltstar Edith Piaf auf ihren Tourneen, von ihr quasi als Haushofmeister und Kofferträger engagiert. Viel-

leicht ist es deshalb kein Zufall, daß seine Stimme ähnlich stark vibriert wie die der Piaf, einer ebenfalls Reagierenden. In ihrem Chanson, ›Non, je ne regrette rien‹ (Nein, ich bereue nichts), rechnet sie mit Reaktionen auf ihr Schicksal ab, wobei es gerade dem Reagierenden schwerfällt, Korrekturen am Schicksalslauf anzubringen.

Aber auch unter Südeuropäern treffen wir mehr Reagierende an als unter Nordländern. Kleine Gesichtsrahmen, oft nur Köpfchen, aber vergleichsweise große Augen und ein ausgeprägter Mund: Wenn in einem solchen Gesicht ohne vorherige Ankündigung Freude, Überraschung, Traurigkeit oder Zorn aufblitzen, erscheint sein Besitzer als sensibel, charmant, spontan, leidenschaftlich.

Kein Wunder, daß sich unter Südeuropäern mehr Extravertierte finden, die ohne die vorausgehende Selbstbeschau des Introvertierten reagieren. Deswegen sind sie auch besonders stark außengesteuert, weniger dem Inhalt als der Form hörig, betreffe sie nun Kleidungsmode, Benimm oder künstlerische Stilrichtung.

Insgesamt fördert unser Lebensstil den Reagierenden – den Menschen, der mit schnellen Maschinen zurechtkommt, zu Hause mit dem elektrischen Brotschneider, Mixer, Bohrer, Hobler, am Arbeitsplatz mit hochtourigen Monstern und zwischendurch mit Auto und Motorrad, aber auch mit Ski, Tennis- oder Squashschläger.

Während der Egozentriker mehr auf sein Bankkonto einbezahlt, als er abhebt, handelt der Reagierende umgekehrt.

Hat er seine Reserven erschöpft, bringt er sich mit Tabletten und anderen Zivilisationsgiften wieder auf die Beine, oder er muß sich mal wieder etwas Neues gönnen: ein Mensch, wie ihn Verkaufschefs lieben.

Das Gesicht des Affektiven

Könnten Sie sich vorstellen, daß ein Bildhauer das Gesicht eines Kindes, einer jungen Frau oder eines heranwachsenden Mannes so kantig aus dem Holz herausschneidet, daß es wie mit einem Beil bearbeitet wirkt? Oder daß er es so in Ton arbeitet, daß man überdeutlich die Modellierung sieht? Wohl kaum, obgleich sich auch schon in den Gesichtern von Kindern und jungen Menschen reichlich Plastizität ausdrückt.

Dagegen finden wir es stilgerecht, wenn sich der ewig aufrührerische, ätzend-kritische Honoré Daumier mit absichtlich unpolierter Technik in Ton porträtiert oder Auguste Rodin den Schilderer maßloser Leidenschaften, Honoré de Balzac, voller *Ecken und Kanten im Gesicht* darstellt – diesen Balzac, der wie Goethe von sich hatte sagen können, daß er zu jedem Verbrechen fähig gewesen sei.

Aber diese Shakespeare, Goethe, Balzac oder Fjodor Dostojewski mußten keine Verbrechen begehen, sie schilderten sie.

Gesichter, geprägt von vorspringenden Backenknochen, zurücktretenden Schläfen, Dellen und Wülsten und Falten in der Muskulatur, Erhebungen und Einsenkungen auf der Stirn, finden wir nicht nur als Porträts auf der Leinwand und Stelen in Museen, sie begegnen uns auch im Alltag. Wie der Sturm das Meer peitscht, so bewegen Leidenschaften das Gesicht, wühlen es zu einem ›wutverzerrten‹ Angesicht für Sekunden und Minuten auf oder aber hinterlassen ihm auf Dauer ihre Spuren. Nur dürfen wir nicht davon ausgehen, daß ein Gesicht voller Unebenheiten deswegen soviel Bewegung auf der Oberfläche besitzt, weil sich dort die Folgen von Leidenschaften eingegraben haben, so wie langer, regelmäßiger Aufenthalt in rauchig-schlechter Luft im Teint von berufsmäßigen Nachtmenschen Spuren hinterläßt.

Wir finden auch sehr oft *die stark bewegte, modulierte Oberfläche des Gesichts* von Affektiven, die sich ihre Gemütsverfassung nicht anmerken lassen. Sie können dann trotzdem ein ›verknautschtes‹ oder ›verbeultes‹ Gesicht zeigen.

In der psychologischen Terminologie wird der Begriff *Affekt* nicht einheitlich definiert. In der Mehrzahl der Fälle versteht man darunter einen Gefühlszustand von besonders starker Intensität. Umgangssprachlich sagt man statt Affekt

Erregung. Bei Handlungen, die im Affekt begangen werden, verlieren wir weitgehend die bewußte Steuerung durch sachliche, moralische oder logische Gesichtspunkte.

Denken wir an Affekte oder gar an Leidenschaften, riskieren wir, vorwiegend an das nach außen hin Sichtbare eines starken Gefühls zu denken. Ausdrucksformen des *extravertierten Typs von starken Affekten* können sein: die alles niedermähende Impulsivität eines Menschen, den wir ›geladen‹ nennen; der Schwung, der ihn so mit sich fortreißt, daß er zuerst handelt und dann denkt; die unvermittelten Ausbrüche eines Jähzornigen oder die Manie, alles eine Nummer zu groß oder zu klein anzugeben – je nachdem, bei welcher Methode dabei der Affektive besser abschneidet.

Nun ist uns aber auch die verborgene Leidenschaftlichkeit nicht unbekannt: jene, die still im Innern frißt, und die man entweder nicht offenbaren will, weil dies dem persönlichen Ansehen schaden könnte, oder die man aus Kommunikationsschwierigkeiten nicht zu vermitteln vermag. Die Rede ist dann von einem *introvertierten Typ mit starken Affekten.*

Sind Gesichtshervorhebungen wie vorstehende Backenknochen, Wülste über den Augen oder ein leicht hervortretendes Band im obersten Stirnbereich als Öffnungen zu interpretieren, so werden Einsenkungen wie eingezogene Schläfen, zurückliegende Augen, Nasolabialfalten, überdeckte Nasenlöcher als Reduktionen charakterisiert. Im Gesicht des Affektiven ist alles gleichermaßen vorhanden, was auf psychische Spannungen deutet, bei denen im einen Fall mehr die Öffnung, im anderen vorwiegend die Reduktion (Involution) vorherrscht.

Treffend charakterisiert der psychotherapeutisch orientierte Romancier Irving Stone den Sachverhalt im Titel seines Michelangelo-Romans, wenn er ihn ›*Agony and Ecstasy*‹ nennt. Die Ekstase manifestiert sich oft in Form von Erscheinungen, die wir den Ausdruck von Leidenschaft nennen.

Michelangelo Buonarotti

In der psychologischen Terminologie ist der Begriff Affekt nicht einheitlich definiert; meist ein intensiver Gefühlszustand.

Paul Gauguin

Ein affektiver, leidenschaftlicher Mensch, der mit kleinen Antennen des Reduzierten oder Reaktiven seine Kämpfe vorwiegend innerlich austrägt. Sein Selbstporträt bringt

zum künstlerisch überhöhten Ausdruck, wie er sich nicht nur selbst gesehen, sondern vor allem auch gefühlt haben muß. Ein Kleinbürger, Vater von fünf Kindern, beschließt, Maler zu werden und lebt von da an nur noch dieser Leidenschaft.

(Selbstporträt)

Martin Luther

Affektiver, dessen Emotionen sich zunächst gegen sich selbst richten. Später kämpft er mit gleicher Leidenschaft gegen das damalige kirchliche und weltliche Establishment.

Die tiefliegenden Augen weisen auf seine starke Introversion hin, die ihn sich lange und verzweifelt mit seinem eigenen Seelenheil herumquälen ließ. Seine fein geformten Ohren, die hochsitzenden Backenknochen, der trotz mönchischer Askese unverkrampft gebliebene Mund und schließlich die im oberen Drittel wohlgewölbte Stirn unterstreichen die künstlerische Begabung des Reformators, der als Sprachschöpfer, Schriftsteller, Poet und Komponist Großes und Größtes geleistet hat.

Die respektable Vitalschicht verrät ein Übermaß an Kräften, die für Luthers vehemente Übertreibungen auf mehr als nur einem Gebiet verantwortlich sind.

Die Agonie, die Qual bis hin zu Todesschmerz und Todesangst, hat aber die gleich starke affektive Schubkraft. Wir bewundern meist nicht, wenn jemand seine Affekte stark extravertiert, also offen zeigt, wohl aber imponiert es uns, wenn uns jemand von der Demonstration seiner Agonien verschont. Dieser Tatbestand ist naturgewollt: Im Zustand einer Agonie bin ich wehrlos und deshalb anfälliger als in den Augenblicken einer Leidenschaft, die meine Kräfte mobilisiert.

Der Affektive kann seine Affekte also in der *lustbetonten Form einer Leidenschaft oder in ihrer qualvollen Art erfahren,* wie es ja auch schon das Wort Leidenschaft ausdrückt: nämlich, daß Leiden geschaffen werden. Sinngemäß steckt in dem Wort Passion (lateinisch patior: ich leide) die Bedeutung ›starke Neigung‹, aber auch ›passio Christi‹ (der Leidensweg) oder Passionsspiele.

Die introvertierte Leidenschaft kann sich vorwiegend als *Eifersucht* (›die mit Eifer sucht, was Leiden schafft‹), *Machtstreben, Ehrgeiz* (dem anderen die Ehre geizen) und *Neid* (althochdeutsch und altskandinavisch: Kampf, Zorn, Haß) äußern.

Für die *extravertierte* Art der *Affektivität* sprechen: ein großer Gesichtsrahmen, große, freiliegende Antennen, eine zurückfliehende Stirn und ein Hervortreten der Nase. (Mehr über die relative Bedeutung von Stirn- und Nasenformen in den folgenden Kapiteln.)

Auf die *introvertierte Form der Affektivität* weisen hin: kleinere oder überdeckte Antennen, also beispielsweise tiefliegende Augen, durch eine nach unten gezogene Nase verborgene Nasenlöcher, ein mit Nachdruck geschlossener Mund und eine steile Stirn.

Seiner psychischen Verfassung gemäß ist das *Gesicht des Affektiven eher hyperton als schlaff, eher kämpferisch angespannt als gemütvoll entkrampft.*

Nun präsentiert aber auch das offene Gesicht eines Hypotonikers manchmal Erhebungen und Vertiefungen in Form von Falten, Wülsten, Fettpolstern, Tränensäcken, aufgequollenen Oberlidern und dergleichen mehr. Die *Unebenheiten im hypotonen Gesicht weisen nicht auf innere Spannungen hin.* Ein Gesichtschirurg könnte vieles straffen, also glätten.

Nicht so beim grundsätzlich straffen Gesicht des Affektiven: Bei ihm müßte der Chirurg zum Ausgleich von Unebenheiten Füllmaterial injizieren, was ja in vielen Fällen auch geschieht.

Der Wandel im Gesicht

Ein Gesicht ist nie fertig, sagt Jean Spinetta, einer der führenden französischen Morphopsychologen.

Raten Sie bitte einmal, wen die Totenmaske auf Seite 128 darstellt. Sie sollten dieses kleine Rätsel umgehend beantworten. Anders ausgedrückt: Lesen Sie nicht sofort weiter. Nur soviel noch: Goethe nannte ihn »das Kompendium der ganzen Welt« und »den auf die Erde gekommenen Weltgeist«.

Es handelt sich um die Totenmaske eines Zweiundfünfzigjährigen, der an einem schweren Magen- und Leberleiden starb. Er war machtbesessen bis zum Verbrecherischen, ehrgeizig, herrisch wie kaum ein zweiter der Weltgeschichte. Als man ihm die etwa zwei Millionen Toten seiner Kriege vorwarf, sagte er: »Was scheren mich zwei Millionen Tote?« Und als einmal Tausende seiner Landsleute als Leichen oder stöhnend schwerverwundet auf einem Schlachtfeld lagen, meinte er: »Eine einzige Nacht in Paris wird sie ersetzen.« Charakteristisch für ihn auch sein Ausspruch: »Entweder ich frage, befehle oder schweige.«

Des Rätels Lösung: Es ist die Totenmaske Napoleons (siehe auch Seite 213).

Der Tod löscht die Alltagssorgen, die kleinlichen Süchteleien, die kurzatmigen Tages- und Wochenziele, das Prestigegehabe, die aktuelle Imagepflege und eine Menge von anderen Allerweltsneurosen aus. Oder wie Jakob Böhme, der schlesische Schuhmacher, Philosoph und Mystiker sagt:

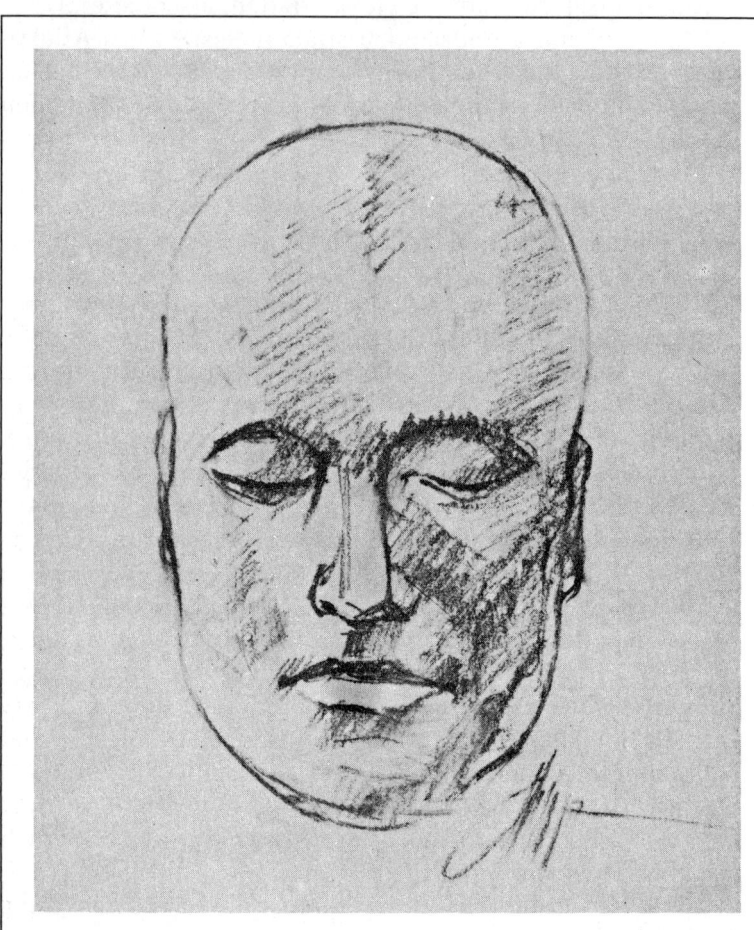

»Mensch, werde wesentlich, denn wenn die Welt vergeht, so fällt der Zufall weg. Das Wesen, das besteht.«

Als von seinen Enttäuschungen Erlöster zeigt Napoleon wieder den Adel seines jugendlichen Gesichts, wie es die Maler ungefähr fünfundzwanzig Jahre zuvor im korsischen Kriegsgott gesehen hatten (siehe Bild auf der folgenden Seite).

Als Kaiser auf dem Höhepunkt seiner Macht ist er ein dick gewordener Monarch, dessen Gesicht dem Morphopsychologen aber noch alle Anzeichen einer ungewöhnlichen Persönlichkeit verrät. Nun zwingt ihn sein Umfeld zur Lebensführung eines Militärs und Politikers, zu dessen Handwerk Lügen, Betrügen, Heucheln, Besitzvermehrung, Familienskandale und Alltagsgezänk gehören.

Er ist jetzt ein Aristokrat der Macht und des Besitzes, hat sich durch die Vermählung mit einer veritablen Kaisertochter dem Blutadel genähert und durch seine Selbstkrönung zum Imperator gemacht. Nun ist er gemeinhin ein Schauspieler der Macht, der bei François-Joseph Talma, dem bekanntesten Komödianten seiner Zeit, Schauspielunterricht nimmt. Napoleons ganzes Vabanquespiel und Bestreben, eine Dynastie zu gründen, sollten seine geringe Körpergröße von nur 156 Zentimetern kompensieren.

Zudem war die Seele des Sohnes eines windigen Winkeladvokaten zutiefst auf der Kriegsschule verwundet worden, wo die Söhne alter Aristokratengeschlechter den ›Ausländer‹ verhöhnt hatten, nicht zuletzt wegen dessen fremdländischer Aussprache. Noch als Kaiser konnte der Mediterrane keine Nasallaute produzieren – und das als Herrscher über ein Volk, das so in den Wohlklang seiner Sprache verliebt ist.

Der Wandel in seinem Gesicht kann natürlich auch durch *starke Gesichtszu- oder -abnahme* bedingt sein. Aber solche Veränderungen sind mit etwas Phantasie leicht durchschau-

Napoleon

Napoleon

bar. Ich kann mir gut vorstellen, wie ein Gesicht aussehen würde, wenn das Fettgewebe hier und dort um einige Millimeter reduziert worden ist. An der Zuordnung eines Individuums zu einem Gesicht (offen, reduziert, reagierend, affektiv und egozentrisch) ändert eine mehr oder weniger ausgeprägte Fettauflage wenig bis gar nichts.

Wie das Gesicht den jeweiligen Zustand einer Persönlichkeit widerspiegelt, charakterisierten wir bereits beim Manisch-Depressiven. Wir hätten uns auch die fazialen Veränderungen bei der Frau nach Eintritt der *Menopause* betrachten können.

Durch die weitgehende, wenngleich nicht vollständige Einstellung der Produktion bestimmter Hormone sieht manche Frau zwei bis drei Jahre nach diesem Ereignis verändert aus – was die französische Ärztin Dr. Anne Denard-Toulet zu dem Ausruf veranlaßte: »La ménopause, c'est la peste.«

Aber auch charakterlich kann sich dann solch eine Frau so verändert haben, daß man sich fragt, ob sie wirklich noch derselbe Mensch ist, den man einst gekannt hat. Analog zur Faltenbildung introvertiert sie sich, beschäftigt sich gedanklich viel mehr mit sich und ihren Veränderungen, bricht alte Beziehungen ab und ›entwickelt‹ manchmal neue Krankheiten. Bleiben ihr durch einen verständnisvollen Frauenarzt die abrupteren Formen der Wechseljahre erspart, treten die Veränderungen in Gesicht *und* Persönlichkeitsstruktur wesentlich sanfter auf. Mit einer geschickten Hormontherapie kann man heutzutage diesem Übel entgegenwirken (Prof. Dr. med. Lilo Nachtigall und Joan R. Heilman: ›Östrogen – Was *heutige sichere Therapie zu bewirken vermag*‹. Ariston Verlag, Genf/München 1987).

Auch der durch eine längere, schwere Krankheit verursachte Wandel im Gesichtsausdruck verläuft ganz nach den Gesetzmäßigkeiten der Morphopsychologie, parallel zum Wandel in der Persönlichkeitsstruktur.

Am nächsten Beispiel erkennen wir diese Zusammenhänge erneut sehr deutlich:

Es handelt sich um ein Porträt des dreizehnjährigen Vincent van Gogh (siehe auch Seite 220).

Die anfangs bestimmt runde Stirn des Kleinkinds ist steil geworden, und die Augen sind etwas eingesunken. Obwohl die Nase ihre kindliche Form bewahrt hat, sind die Nasenlöcher auf dem Weg zur Involution. Auch am Mund ist die Reduk-

tion nicht ohne Spuren vorübergegangen, denn für einen Dreizehnjährigen ist er eher streng als kindlich offen (offen im Sinn der Morphopsychologie).

Fünf Jahre später präsentiert uns van Gogh einen ganz anderen Anblick:

Sein Gesicht hat sich geöffnet, auch die Stirn nahm an diesem Prozeß teil, indem sie jetzt schräg nach hinten tendiert. Zwar bleiben die Augen immer noch eingesunken im Schutz der unteren Etage der Stirn, aber die Nase hat sich zu einem muskelreichen Organ mit gut sichtbaren, sogar leicht geblähten Nasenflügeln entwickelt.

Entgegen der Tendenz, die das Photo des Dreizehnjährigen angekündigt hat, gehört auch der Mund nun zu einem eher offenen als reduzierten Gesicht.

Kräftig, wenngleich nicht übermäßig entwickelt: die Kinnpartie.

Und nun sein vorletztes Selbstporträt, gemalt, als er sich bereits in eine psychiatrische Klinik begeben hatte – einige Monate vor seinem Selbstmord.

Keine Photographie, sondern die künstlerische Botschaft, wie van Gogh sich selbst gesehen und interpretiert, wie er sich also gefühlt hat.

Und er verrät uns mit Pinsel und Farben, daß er sich – nach unserem morphopsychologischen Sprachgebrauch – als stark affektiv empfand.

Das Gesicht voller Kanten und Ecken, übertrieben höckerig der Nasenrücken und – sicherlich absichtlich überzeichnet – die Augenwülste und der Übergang zu den hervorstehenden Backenknochen.

Sehr stark zurücktretend die Kinnpartie, besonders deutlich sichtbar in seinem letzten Selbstporträt – ganz im Gegensatz zu früheren Bildern von ihm.

Er wird die allmähliche Erschöpfung seiner Vitalkraft gespürt haben.

136

Der Aufbau des Gesichts nach Tendenzen

Der Atheist Sigmund Freud (siehe auch Seite 210) hatte sich ganz sicher nicht an frommen Zahlen, etwa der göttlichen Dreifaltigkeit der Christen oder den Regeln des Hundertjährigen Kalenders, gerichtet, als er versuchte, den *Aufbau der menschlichen Psyche* zu schematisieren.

3. *Über-Ich:* Dressate; was akzeptabel ist für meine Umwelt beziehungsweise was sie von mir an Benimm erwartet; in manchen Religionen auch ›Gewissen‹ genannt.

2. *Ich:* das Arrangement zwischen 1 und 3 unter dem Gesichtspunkt: Wie verhalte ich mich, damit ich so vielen Forderungen meiner Triebwelt gerecht werde wie nur möglich, ohne mit den Postulaten von 3 in Konflikt zu geraten.

1. *Es:* die Triebwelt, die ungehindert auszuleben sich das Kleinkind gestattet, bis bei gewissen Verhaltensweisen die Bezugspersonen die Augenbrauen runzeln oder den Zeigefinger drohend erheben, hiermit also die Dressur beginnt.

Als Eric Berne seine ebenso einfache wie hilfreiche Transaktionsanalyse erarbeitete, griff er – unter anderen Vorzeichen – auf die Freudsche Dreiteilung der menschlichen Psyche zurück.

Schon die alten Griechen hatten die Psyche schematisiert in Pflanzen-, Tier- und Menschenseele, wobei sich die Pflanzenseele mit rein treibenden, also triebhaften Energien begnügen muß, während dem Tier – ab einer gewissen stammesgeschichtlichen Entwicklungsstufe – emotionale Kräfte zuteil werden, bis dann der menschlichen Psyche auch noch geistige Qualitäten erwachsen.

Die *Gehirnforschung* erkannte schließlich auch wieder eine Dreiteilung des menschlichen Gehirns in das *Stamm-*

hirn, den ältesten Teil, den Sitz unser Instinkte, Reflexe und Triebe, beispielsweise die Triebe von Selbst- und Arterhaltung; das *Zwischenhirn,* den Sitz der Emotionen und dem Mischpult der Gefühle; das *Großhirn,* den jüngsten Teil, mit der Aufgabe des Planens, Vorsorgens, des logischen Verknüpfens und des Abstrahierens.

Wir besitzen also drei Gehirne, die sich zwar in Aufbau und Funktion wesentlich voneinander unterscheiden, beim geistig Gesunden aber vorbildlich zusammenwirken.

Schließlich sind sich sogar Fachpsychologen darin einig, *Persönlichkeitsdefinitionen* nach geistigen, emotionalen und triebhaften Komponenten vorzunehmen. Ja, schon die alten Schulmeister beurteilten ihre Zöglinge nach geistigen Leistungen, nach Betragen (emotionale Einordnung in die Gemeinschaft) und nach dem Fleiß, der Schubkraft für den Wunsch, Effizienz zu erbringen.

Niemand käme auf die Idee, von der Form des Nackens auf geistige Leistungen oder der Ausprägung der Backenknochen auf die geheimnisvolle Triebwelt eines Individuums zu schließen. Wenn auch die Morphopsychologie die Dreiteilung des Gesichts in eine geistige, emotionale und triebhafte vitale Schicht übernahm, dann nicht nur aus Gründen der Tradition, sondern basierend auf empirischen Erkenntnissen, die sich in der täglichen Praxis bewähren. Übrigens verlaufen die Grenzen zwischen den einzelnen Ebenen nicht so eindeutig, wie dies aus der folgenden Graphik ersichtlich ist.

Aus der Gehirnforschung, der Freudschen Schematisierung der menschlichen Psyche, der Entwicklung des Individuums vom nur triebhaften Säugling über das Gefühlswesen Kleinkind bis zum denkenden Kind und Erwachsenen, schließlich aus der Gehirnentwicklung von niederen zu höheren Tierarten können wir genügend Tatsachen gewinnen, um dieses Modell der drei Schichten zu vertreten. Zu ihm bekennen sich unter anderen große Namen der Psychologiegeschichte, wie Platon, Scheler, Freud, Klages, Lersch, Rothacker, Allport, Gilbert, Wellek. Die Schichtenlehre ist genetisch abgesichert: Die neuere Schicht entwickelt sich jeweils aus der älteren, also das Zwischenhirn aus dem Stammhirn und das Großhirn aus dem Zwischenhirn, wobei einige Schichtentheoretiker das jeweils ältere den ›Kern‹ oder die ›Tiefe‹ nen-

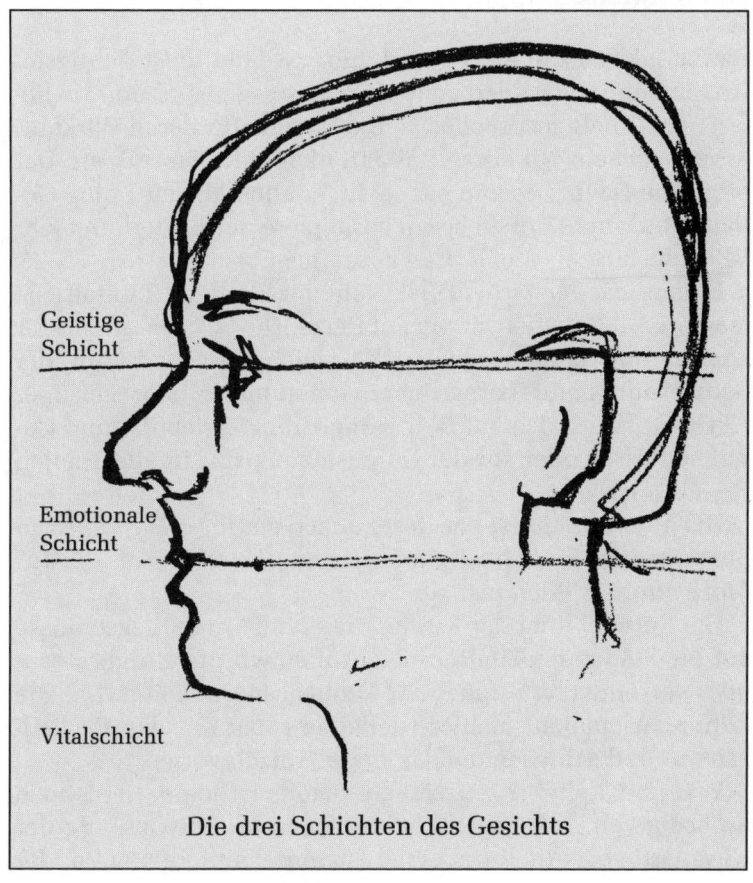

Geistige
Schicht

Emotionale
Schicht

Vitalschicht

Die drei Schichten des Gesichts

nen, und folglich die Neuentwicklung den ›Mantel‹ oder die ›Oberfläche‹.

Alle aber sind sich in der Erkenntnis einig: Die *eindimensionale Betrachtung wird der Persönlichkeitsstruktur nicht gerecht.*

Die Vitalschicht

Sie ist einmal die älteste und zum zweiten die mächtigste. Aus ihr sind die beiden anderen hervorgegangen, und sie liefert – bildhaft gesprochen – die Energie für deren Wirken.

Verwechseln wir aber Vitalkraft nicht mit Muskelkraft. Der biblische David bestand aus mehr Vitalität als der Koloß Goliath, und im Märchen besaß das tapfere Schneiderlein mehr Vitalsubstanz als alle Riesen zusammen.

Eine *vitale Persönlichkeit* sprüht vor Elan und Tatkraft: sie reagiert mit Schaffensdrang auf Reize. Die Schubkraft hierfür kommt aus dem Triebbereich, gleichgültig, ob nun der Schwerpunkt auf körperlicher, emotionaler oder geistiger Aktivität liegt: also auf Bewegungsdrang, Erlebnis- und Genußbedürfnis oder auf der Durchsetzung von intellektuellen Erkenntnissen.

Die *Vitalschicht ist der Resonanzboden für alle Motivationen einer Persönlichkeit und setzt die Energien frei, die aus Motivationen Taten machen.*

Die Entwicklung der Kinnpartie erlaubt uns Rückschlüsse auf die Stärke der Vitalschicht. Wollen wir uns durchsetzen, oder versenden wir unbewußt Drohgebärden, beißen wir die Zähne zusammen, mahlen vielleicht sogar mit den Backenzähnen und schieben den Unterkiefer nach vorne.

Wie im Kapitel ›Kinnzeichen‹ bereits berichtet, ist jedoch zu bedenken, daß es sich bei auffallender Entwicklung der Kinnpartie eventuell um einen Überbiß handeln könnte, der auf einen Gelenkschaden des Kiefers zurückzuführen ist und psychologisch gar nichts bedeutet – außer daß jemand unter seinem dadurch bedingten Aussehen leiden kann. Übrigens müssen Sie Ihrem Gesprächspartner nur ›aufs Maul schauen‹, um festzustellen, ob er einen Überbiß hat.

Ein stark vorstehender Oberkiefer in einem kleinen Schädel mit zurückweichender Stirn ist für Arzt und Psychologen symptomatisch für Makrognathie und läßt sie auf Idiotie schließen – ein Gedanke, der sich auch medizinischen Laien beim Anblick eines solchen Gesichts aufdrängen wird.

Ob eine Kinnpartie Energie oder Schlaffheit signalisiert, verrät sich nicht in der Statik, sondern in der Dynamik, also der Bewegung. Das Kinn von Menschen, die kraftlos und verwaschen artikulieren, vermittelt wesentlich weniger Energie als das Kinn von Personen, die sich durchsetzen wollen. Ist jemand erregt, bewegt er sprechend sein Kinn viel stärker, als wenn er vor sich hinplappert.

Ein Gesicht verrät nicht, was jemand mit seinen Trieben macht.

Einer beliebten Ansicht zufolge ist der Wille eine selbständige Kraft, die man nur herbeizubeordern braucht, damit sie für die Verwirklichung von Zielen sorgt. Dem ist nicht so.

Laufen Reflexe und Instinkte unbewußt ab, und melden sich Triebe ohne bewußtes Hinzutun, so spielen bei *Willenshandlungen* Rückfragen ans Bewußte eine entscheidende Rolle. Ernsthafte Psychologen leugnen die Existenz einer Kategorie namens Willenskraft, so wie schon ebenso ernsthafte Philosophen, beispielsweise Immanuel Kant, vor der Frage freier Wille oder Determinismus kapituliert haben. In der täglichen Realität ist der Wille nichts anderes als der Schnittpunkt von verschiedenen Motivationen – das Instrument, das entscheidet, was für mich in einer bestimmten Situation langfristig das meiste Behagen und die geringsten Frustrationen bewirkt. Es gibt keine willensschwachen Kinder oder Erwachsenen, wenn sie sich etwas stark wünschen. Und Menschen mit dem sogenannten eisernen Willen waren und sind oft nicht in der Lage, für sie wichtige Maßnahmen zu ergreifen oder mit Ausdauer durchzuhalten, treibt sie nicht ein starker Wunsch dazu. Damit uns Richter schon auf Erden und Priester mit Strafen spätestens nach unserem Tod drohen können, müssen sie den freien Willen postulieren.

Die emotionale Schicht

Sie umfaßt Nase, Backenknochen, Wangen, Mund und Ohren. Bezüglich der Entwicklung der Nase können wir besonders eindringlich die Sprache der Morphopsychologie studieren. Vom Stupsnäschen des Säuglings mit seinen offenen Nasenlöchern führt ein weiter Weg bis hin zur involvierten *Nase* des Greises, dessen Nasenflügel sich gestrafft und, auf ein Minimum reduziert, längs der Nasenspitze angelegt haben. Am Nasenrücken zeigen sich manchmal Erhebungen, die nicht nur knochigen oder knorpelhaften Ursprungs sein müssen, sondern formgewordener Ausdruck von Angewohnheiten sind, welche die Persönlichkeit diktiert (siehe hierzu das Kapitel ›Einzelzeichen‹).

Aus dem zunächst runden Profil des Säuglings und des Kleinkindes entwickelt sich ein stumpfwinkeliges Dreieck des Erwachsenen.

Trotz dieser Umwandlung behalten aber viele Menschen bis ins hohe Alter ihr offenes Gesicht mit großen Augen, von vorne und von der Seite leicht sichtbaren Nasenlöchern und gut gefüllten Lippen. Meist sieht man diesem Gesicht nicht das kalendarische Alter an; aber entsprechend ist auch ihre Persönlichkeit jünger, jugendlicher, wenn nicht gar kindlich geblieben, was jedoch eine große Lebenserfahrung und stattliche Denkleistungen nicht auszuschließen braucht.

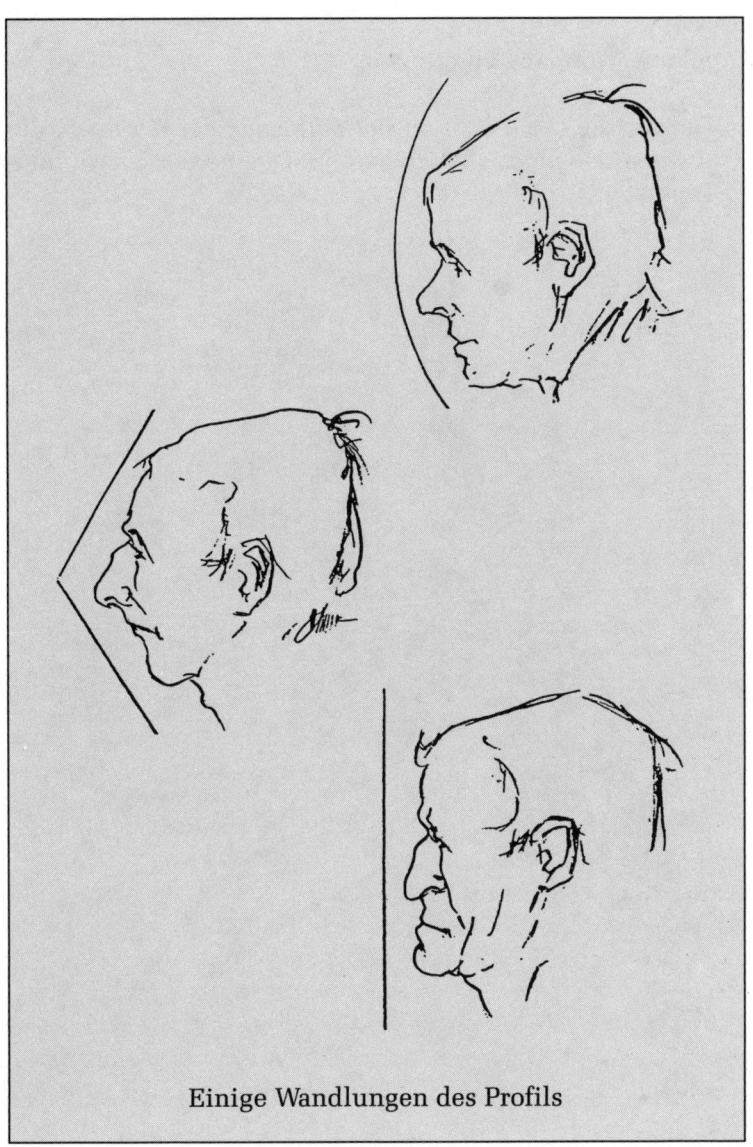

Einige Wandlungen des Profils

Johann Wolfgang von Goethe

Der Goethe des ›*Götz von Berlichingen*‹, des ›*Urfaust*‹, der ›*Leiden des jungen Werthers*‹, der Goethe der Sturm-und-Drangzeit.

Wie schon in der Jugend nehmen sie auch als Erwachsene mit großen Antennen ihre Umwelt wahr und auf. Sie bleiben ein Leben lang Empfangende, aber auch oft von ihren Mitmenschen stärker abhängig.

Bis ins hohe Alter blieb Goethe so ein Empfangender, sich Wandelnder, wie ein Kind immer an Neuem Interessierter. Selbst seinen Schreibstil änderte er noch als Greis oder, besser gesagt, sein Schreibstil änderte sich, weil sich seine Persönlichkeit gewandelt hatte.

Die Abbildung auf Seite 116 zeigt das offene Gesicht eines Menschen mit Tendenzen zum Affektiven. Wunderbar neben den auffallend großen Antennen die Harmonie zwischen geistiger, emotionaler und vitaler Schicht, so daß man nicht das Gefühl hat, eine sei den zwei anderen unterworfen.

Hielten faustischer Forscherdrang und das Streben nach optimaler Entwicklung Goethes Persönlichkeit bis zur Greisenschwelle flexibel, so ist es heutzutage bei vielen junggebliebenen Alten oft die sehr positive, unbeschwerte Lebenseinstellung.

Da verrät dann ein rundlich-ovales offenes Gesicht den Genießer, das gutmütige, fürsorgliche Hausmütterchen, den natürlichen Charmeur (im Gegensatz zum Techniker des Charmierens), aber auch das große Kind, das lachen kann, daß es seinen ganzen Leib erschüttert. Buddha wird gern als solch junggebliebener Weiser dargestellt.

Orientiert sich jedoch das Gesicht an einer stark hervortretenden Nase – was meist zusammen mit einer Involution der Antennen erfolgt – und treten zusätzlich noch Erhebungen und Senkungen auf, ist es naheliegend, auf einen eher aggressiven Emotionalen zu schließen, einen Affektiven mit seinen leidenschaftlichen oder selbstquälerischen Affekten, vor allem wenn das Gesicht auch noch im emotionalen Bereich besonders breit ist oder der emotionale Teil eine überproportionale Höhe einnimmt.

Die *Empfänglichkeit für Gefühle* und die Stärke sowie die Nachhaltigkeit der Gefühlseindrücke sind aber nicht nur ein Persönlichkeitszug, sondern hängen von jeweiligen Situationen und körperlicher Verfassung ab: Ein Depressiver ist so traurig, daß er nicht einmal mehr traurig sein und weinen kann. Ferner gibt es Menschen, denen bestimmte Gefühle ganz fremd sind, beispielsweise Takt oder das Gefühl für Erhabenes. Einige der wesentlichen Gefühle sind erst für die reife Persönlichkeit bezeichnend, etwa in bezug auf Religiosität oder Ethik. Einem Kind kann ein Gegenstand nicht bunt genug gefärbt sein (ähnlich einem Primitiven), das Farbengefühl des Erwachsenen zieht meist gedämpftere Töne vor.

Schließlich wollen wir die *Minderwertigkeitsgefühle* nicht vergessen, die oft nicht nur den daran Leidenden, sondern auch den Menschenkenner in die Irre führen.

Werden Minderwertigkeitsgefühle ins Unbewußte verdrängt, weiß der Betreffende selbst nichts von seinen *Kompensationen.*

Sollten Sie auf emotionale Regungen stoßen, die Ihnen die Morphopsychologie nicht erklären kann, dann bringt Sie wahrscheinlich die Antwort auf folgende Frage weiter: »Welchen Vorteil hat sein / ihr Selbstwertgefühl davon, daß er / sie sich so gibt?« Am eindeutigsten interpretiert diese Zusammenhänge der Spruch: »Wer angibt, hat's nötig.«

Die geistige Schicht

Die Entwicklung der Stirn verläuft in drei Etappen. *Oberhalb der Augen* entwickeln sich zunächst einmal zwei kleine Wölbungen, die bei Menschen mit einem scharfen Beobachtungsvermögen besonders ausgeprägt sind. Als Zeichen der Erweiterung, der Öffnung eines Gesichts, signalisieren sie Hin- und Zuwendung.

Daß Denken, Abwägen, Analysieren sehr viel mit Sehen zu tun haben, können Sie sich selbst beweisen. Ein Beispiel: Überlegen Sie sich bitte, welches die erste Begebenheit in Ihrem Leben war, an die Sie sich erinnern können. Dabei können Sie die Augen offenhalten oder aber schließen...

Wahrscheinlich ist Ihnen diese und jene Situation eingefallen, und Sie haben anhand von Einzelheiten verglichen, welche sich eher zugetragen hat. Auch wenn Sie darüber nachdenken, ob es für Sie zweckmäßiger ist, Ihren nächsten Urlaub im Land X oder im Land Y zu verbringen, dann vergleichen Sie Vor- und Nachteile, Landschaftsbilder, wahrscheinliche Kosten und dergleichen mehr.

Denken ist Vergleichen, aber wir können nur das gegeneinander abwägen, was wir zuvor erfahren und im Computer zwischen unseren beiden Ohren an Wissen und an Gefühlen gespeichert haben. Gerade von Menschen mit unvergänglichen Denkleistungen wissen wir, daß sie in der Lage sind und waren, auch Abstraktes in Bildern zu sehen. *Denken ist also auch Sehen.* Es ist daher auch nicht verwunderlich, daß das Zentrum unseres vergleichenden, analytischen Denkens möglichst nahe bei den Augen und den Sehnerven beheimatet ist.

Nicht bei Kindern, wohl aber bei sehr vielen Erwachsenen ist eine leichte Delle *in der Mitte der Stirn* erkennbar: eine Involution, die Introversion, Introspektion verrät. Menschen mit dieser Vertiefung vergleichen die Bilder, die ihnen ihr Gehirn liefert, besonders gewissenhaft und manchmal so ausgiebig, daß ihr Denken Schleifen zieht, von denen sie nicht oder nur mit Mühe abspringen können. Sie denken dann im Kreis.

Unterhalb der normalen Kopfhaargrenze zeigt sich bei vielen Erwachsenen ein Überbleibsel der kindlichen, ehemals mondsichelförmigen Stirn. In diesem dritten Stockwerk können sich nochmals Ausbuchtungen bilden, die aber so markant sind, daß sie oft ineinander übergehen und dann ein Band bilden.

Das kindliche Denken ist so wenig analytisch, daß wir jedesmal staunen, hören wir aus dem Mund eines Kindes eine Frage oder eine Feststellung, die solches Denken verrät, auch wenn das Ergebnis falsch ist. Kindliche Überlegungen differenzieren nicht oder sehr wenig, richten sich also mehr aufs Ganze als aufs Detail, sind im guten Sinn des Wortes naiv und intuitiv. So erklärt sich, warum wir es bei Menschen mit einem stark ausgebildeten Band im obersten Drittel der Stirn mit Intuitiven zu tun haben, mit *instinktiv Begreifenden.*

Das Kind kann noch nicht analytisch denken, weil in seinem Gehirn noch nicht genügend Bilder gespeichert sind, die ihm viele Kombinationen von Vergleichen ermöglichen. Aber es kann instinktiv denken, und das heißt kreativ: Etwa wenn ein vierjähriger Junge in einer Wäscheklammer einen Hai erblickt und dann diesen Hai in der Badewanne schwimmen läßt, ihn aber mit ausgestrecktem Arm so weit wie möglich von sich hält: Haie sind gefährlich, und das, was er in seiner Hand hält, ist ja einer.

An anderer Stelle haben wir erkannt: Auf dem Weg von der runden Kinder- zur *Erwachsenenstirn* kommt es meist zur Involution der Augen, der Nasenlöcher und des Mundes (Abbildungen auf Seite 143). Deswegen ist besonders eine steile Stirn für uns symptomatisch in bezug auf Introversion: Das Kind mit seiner runden Stirn beschäftigt sich zunächst einmal gedanklich überhaupt nicht mit sich, entdeckt dann erst später sein Ich, bis es nach Verlauf weiterer Jahre damit experimentiert. Letzteres tut der Introvertierte besonders ausgeprägt.

Zu der Zeit, da sich das jugendliche Gesicht verlängert, sinken meist Wangen und Schläfen ein, und die Stirn weicht nach hinten. In vielen Fällen treten die Backenknochen stärker hervor (oft schon durch das Verflachen der Wangen), aber auch Nase und Kinn können nach vorne drängen. Diese Veränderungen im Gesicht erfolgen in der Phase der Pubertät und der bewegten Zeit danach, und sie signalisieren eine Dynamisierung der Persönlichkeit – auf geistigem Gebiet speziell in Form eines elanvollen Denkens. Bleiben die Antennen groß, kann eine fliehende Stirn auf ein zu stürmisches und zuwenig differenziertes Denken schließen lassen.

So wie das um etwa fünfundzwanzig Prozent leichtere Frauengehirn die gleichen Denkleistungen wie ein Männergehirn erbringen kann, so sagt weder eine hohe noch eine breite Stirn etwas Schlüssiges über die *Intelligenz* aus. Im übrigen führen die Begriffe ›hohe‹, ›breite‹ Stirn bereits in die Irre: Wie hoch? Wie breit? Maß- und Mengenangaben ergeben nur einen Sinn, wenn wir sie in Relationen sehen.

Eine wesentliche Frage bei der Beurteilung der Intelligenz ist die, zu erfahren, ob jemand das Denken gelernt hat. Ein dünner, aber durchtrainierter Muskel leistet mehr als ein voluminöser, durch Bewegungsarmut erschlaffter.

Was nutzt ein hoher Intelligenzquotient, wenn jemand nicht gelernt hat, aus seinen Fähigkeiten Fertigkeiten zu machen? Denken lernen heißt, Probleme zu sehen. Wer ein Problem nicht erkannt hat, verspürt kein Bedürfnis, es zu lösen. Wir denken nur über unsere Probleme nach. Wer ein Problem falsch sieht, der wird es auch nur durch Zufall richtig lösen.

Auch hochintelligente Menschen setzen oft ihr ganzes Leben lang nur mechanisch ihren Verstand ein. Typische Beispiele für eine derartige Beschäftigung des Geistes sind das Erlernen einer Fremdsprache, des Alphabets, eines Katechismus – aber auch das Einpauken von Geschichte, Geographie und ähnlichem. Frage ich mich aber, wie aus dem lateinischen Wort fenestra (Fenster) das französische Wort la fenêtre geworden ist, fordere ich Denkleistung von meinem Gehirn.

Menschen, die nicht dazu erzogen worden sind, sich Fragen zu stellen, das heißt Probleme zu sehen, oder deren Persönlichkeitsstruktur das Stellen von Fragen verdrängt, bleiben meist in einem mehr oder weniger soliden Halbwissen stecken, obwohl sie von der Veranlagung her vielleicht zu hohen Intelligenzleistungen befähigt wären.

Wer also die Intelligenz eines Menschen ohne Tests ermitteln will, muß wesentlich mehr tun, als nach Augenwülsten, einer Delle in der Mitte der Stirn oder einem Band unterhalb der normalen Haupthaargrenze Ausschau zu halten. Er muß durch Fragen, Beobachten, Drittinformation und anderes mehr etwas erfahren über die Interessen des Betreffenden. So kann jemand durch geistige Windstille oder durch Trugschlüsse, die auf seine Ignoranz, Halbbildung oder durch Interesselosigkeit bedingte Zerstreuung zurückzuführen sind, als unintelligent gelten, aber auf seinem ureigentlichen Interessengebiet überraschend eine überdurchschnittliche Intelligenz zeigen.

Und nochmals Vorsicht, wenn wir von den Leistungen eines Menschen auf seine Intelligenz schließen: Baruch Spinoza zog es vor, in Holland optische Geräte zu schleifen, statt eine Professur für Philosophie in Heidelberg anzunehmen. Gemeinhin wird ein Universitätslehrer für intelligenter als ein Handwerker gehalten.

Ein sehr oberflächlicher Menschenkenner würde wahrscheinlich hinter einem Optikergehilfen kein unerkanntes Genie vermuten.

Vergessen wir auch nicht, daß mancher infolge seiner großen Intelligenz zu viele Probleme sieht, die seine Entschluß- und Handlungsfähigkeit entscheidend lähmen. Er gilt dann oft als Faulpelz, Nichtstuer, Spinner oder aber für so intelligent, daß man ihn zu gar nichts mehr gebrauchen kann. Was wieder einmal beweist, wie umsichtig wir Erschautes kombinieren und interpretieren müssen.

In Gesichtern zu lesen hat viel gemeinsam mit dem Lesen von Texten. Wenn wir lesen, daß sich einer ein Schloß gekauft hat, sinnieren wir, ob er nun ein Gebäude oder einen Riegel erworben hat. Um das zu ermitteln, analysieren wir den Kontext und finden dann vielleicht heraus, daß er ein Schloß für seinen Karabiner erstanden hat.

Thomas Gottschalk

Dieses Gesicht ist ausbalanciert zwischen Extravertiertem (großer vollippiger Mund, fast faltenloses Gesicht, leicht zurückfliehende Stirn) und Introvertiertem (kleine, etwas tiefliegende Augen, unmodellierte Nasenlöcher, Überhang der Nasenspitze). Die Vitalschicht bildet ein ausreichendes Fundament für die emotionale und die geistige Ebene.

Die zwei Augenhöcker und das Band im oberen Stirnbereich sprechen für Beobachtungsgabe und für Phantasie. Wie schnell Gottschalk intellektuell reagieren kann, ist mit keiner psychologischen Methode vorhersehbar. Seine Schlagfertigkeit ist nicht das Ergebnis von Denkprozessen. Bei allem routinemäßigen, zum Geschäft gehörenden Charme ist Gottschalk aggressiv: nämlich stets zum Schlagen fertig, schlagfertig. Seine Stärke liegt in seiner Intuition als einer Fähigkeit, instinktiv zu begreifen. Daß sein Introversionsanteil eine größere Rolle spielt, als es bei einem so aalglatten Showmaster und Causeur zu erwarten wäre, beweist die abrupte Art, mit der er seine Gäste von der Bühne komplimentiert, was nicht immer mit Zeitdruck zu entschuldigen ist. Er beherrscht perfekt die Technik des Anwärmens und Abkühlens nach strengem Kalkül und ohne innere Beteiligung.

Rudolf von Bennigsen-Foerder

Harmonische Aufteilung der Schichten, grazile Feinheit der Antennen. Von Breite, Höhe und Durchmodellierung her dominiert die geistige Ebene (siehe ›Vorherrschende Tendenzen im Gesicht‹) mit größtem Anteil im kreativen Teil.

Ungewöhnlich grazil die Nase mit den geöffneten Nasenlöchern. Sinngemäß kann gleiches von Mund und Nase gesagt werden.

Die Vitalschicht ist nicht mehr als das Trampolin für Intellekt und Empfindungen.

›Der Spiegel‹: »Seine feine Witterung für politische und gesellschaftliche Entwicklungen macht ihn zur Ausnahmeerscheinung unter Deutschlands Managern.«

Er, verantwortlich für das Funktionieren der meisten Atomkraftwerke in Deutschland, gesteht: »Wer keine Angst [vor den Atomkraftwerken] hat, ist dumm.«

Ein äußerst erfolgreicher Manager, dessen Physiognomie keinerlei Hinweis auf eine Politik mit Brechstange oder Dolch liefert, sondern nur auf Intellekt und Sensibilität. Von Bennigsen-Foerder wird wahrscheinlich frei sein von ihn persönlich überrumpelnden Triebschüben. Er wird seine strategisch-taktischen Schachzüge mit Präzision und nicht ›auf gut Glück‹ oder im Vertrauen auf die Parteihausmacht vorbereiten. Menschen mit solchen Zügen sollten Staatenlenker sein, gesteuert von Verstand, Vernunft, Kreativität.

Oskar Lafontaine

Auffallend die feine Modellierung der Antennen, vor allem der Ohren und des Mundes – ein Hinweis auf ausgeprägte Sensibilität, die ihm Gespür für Zeitfragen gibt, ihn aber auch schnell verwundbar macht.

Die große Nase bei leicht zurückfliehender Stirn drückt eine Dynamik aus, die der reduzierte Gesichtstyp (überschattete Augen, verdeckte Nasenlöcher, dünnlippiger Mund) als Gegengewicht zu seiner Introversion und seinem Reflektieren nötig braucht. Diese Dynamisierung wirkt der Gefahr des Theoretisierens entgegen.

Die Vitalschicht steht als schwächste von den dreien im Dienst der geistigen und der emotionalen Ebene.

Das bei kreativen Menschen so häufig anzutreffende ›Stirnband‹ ist im Ansatz vorhanden. Einem Politiker, der Lösungen für weltweite Probleme finden und verwirklichen muß, wären mehr Kreativität und Durchsetzungsvermögen zu wünschen.

Distanzierte Persönlichkeiten wie Lafontaine beherrschen sehr oft die Technik des leichthändigen Umgangs mit Menschen – aber weniger aus seelischem Bedürfnis als aus Gründen der Politik. Er mag gute Formulierungen finden oder für sich finden lassen: Für einen mitreißenden Volkstribun ist er zu introvertiert.

Vorherrschende Tendenzen im Gesicht

Erinnern Sie sich, daß wir – ohne an Schizophrenie zu denken – von Unterpersonen (Subpersonen) sprachen, die in unserem Gesicht oft Inkongruenzen hervorrufen? Etwa, wenn wir begeistert etwas loben und sich für den Bruchteil einer Sekunde ein nachdenklicher Zug in der Wangen-, Mund- oder Stirnmuskulatur zeigt, weil uns eine Stimme aus dem Unterbewußtsein an etwas Negatives in diesem Zusammenhang erinnert?

Neben diesen momentanen Inkongruenzen birgt aber jedes Antlitz *permanente Inkongruenzen,* weil unsere Persönlichkeit das Ergebnis verschiedener, sich teilweise widersprechender Tendenzen ist. Stellen Sie sich nur vor, was sich im Innern eines einfachen Menschen abspielt, wenn dieser eine Brieftasche mit hundert Tausend-Mark-Scheinen findet. Ich möchte Sie nicht auf schlechte Gedanken bringen, darum verschweige ich, was in einem solchem Fall alles in mir vorginge, um einerseits meine Selbstachtung, andererseits aber auch guten Gewissens den Fund zu bewahren.

Wenn sich die menschliche Persönlichkeit aus mehreren widerstreitenden Zügen zusammensetzt und die Morphopsychologie die Grundlinien einer Persönlichkeit signalisiert, dann nimmt es nicht wunder, daß sich auch *im Gesicht konträre Tendenzen* offenbaren. Bildlich gesprochen heißt dies: *Neben der Hauptperson manifestiert sich eine Reihe von Subpersonen.*

Zunächst gilt es bei der Interpretation eines Gesichts die dominierende Person zu ermitteln: beispielsweise die Person hinter einem vorherrschend offenen oder einem überwiegend reduzierten Gesicht, diejenige mit dem Gesicht eines Reagierenden oder dem eines Affektiven.

Mit Hilfe der Morphopsychologie können Sie die unendliche Vielfalt der Gesichter klassifizieren und erzielen somit

Anhaltspunkte zur Interpretation, wenn Sie die *Primärtendenz und die Sekundärtendenz ermitteln und dabei auch noch den Muskeltonus berücksichtigen.* Sprechen wir zuerst von den Primärtendenzen und ihren fünf Grundtypen:

1. Großer Gesichtsrahmen   große Antennen: weltoffen
2. Kleiner Gesichtsrahmen   große Antennen: reagierend
3. Großer Gesichtsrahmen   kleine Antennen: egozentrisch
4. Kleiner Gesichtsrahmen   kleine Antennen: stark reduziert
5. Verknautschtes Gesicht   affektiv

In der Pubertät verändert sich sehr häufig der Gesichtsrahmen, indem er länger wird – nicht nur relativ, sondern absolut. Hierbei spannen sich dann häufig auch die Wangen. Die *Verlängerung des Gesichts* ist oft mit einer *Zurückneigung der Stirn* verbunden, einem Hervortreten von Backenknochen und Nase, manchmal auch noch des Kinns.

Diese Entwicklung weist – wir wiederholen – auf eine Dynamisierung der Persönlichkeit hin. Ist das Gesicht offen, treffen hier gleich zwei extravertierende Tendenzen zusammen, die diesen Menschen besonders kontaktfreudig und spontan machen, aber auch sein Denken so konkretisieren, daß es vielleicht verflacht, wenn es um Fragen von Ethik und Ästhetik gehen sollte.

Es kann aber auch folgendes passieren: Durch die Richtungsänderung der Stirn zu einer zurückfliehenden oder steilen behält das Antlitz seinen verlängerten Rahmen, aber die Antennen schließen sich etwas, belassen dem Gesicht jedoch seinen insgesamt offenen Charakter.

Für einen weltoffenen, kontaktfreudigen Menschen ist dies die *introvertierende Bremse,* die ihn überlegender, überlegener macht und ihn systematischer denken, planen und handeln läßt. Was seine Kontakte an Häufigkeit und Spontaneität verlieren, gewinnen sie an Tiefe.

Beim *reagierenden Grundtyp* können die Augen einsinken oder Mund und Nasenlöcher leicht an Dominanz verlieren. Auch hier bedeutet die gelinde Introversion die Bremse, die dieser stark außengesteuerten Persönlichkeit mehr Eigenentscheidungen erlaubt.

Beim *Egozentriker* können sich die bereits kleinen Antennen noch mehr verkleinern und schließen, beispielsweise die Augen zurücktreten oder kann der kleine Mund durch Zusammenpressen der dünnen Lippen fast wie eine Narbe wirken.

In diesem Fall müssen wir an eine Steigerung der Egozentrik im Sinn einer doppelten Introversion denken, etwa an krassen Egoismus. Ein Beispiel hierfür ist das Gesicht Heinrichs VIII. (siehe auch Seite 218).

Auch in einem *reduzierten Gesicht* streckt die Pubertät sehr häufig den Gesichtsrahmen und neigt die Stirn nach hinten. Wir kennen diese Tendenz von anderen Typen her und wissen, daß wir von ihr extravertierende Einflüsse erwarten können. Der stark mit seinen Gedanken und Gefühlen beschäftigte, zu Überempfindlichkeit und Ehrpußligkeit neigende Mensch mit dem stark reduzierten Gesicht kommt dadurch an den gewissen Schub Nonchalance, die seine Persönlichkeit runder, weltläufiger, unproblematischer macht und sie obendrein auch noch dynamisiert.

Zusätzlich bekommt diese zum Teil verbissen an ihren Gedanken, Ideen und Gefühlen festhaltende Person noch den Elan, der ihrer Hartnäckigkeit (harter Nacken) die Wucht eines angreifenden Stieres verleihen kann.

Durch das Zurückweichen der Stirn tritt die *emotionale* Schicht – in unserem Fall Backenknochen und Nase – stärker hervor, manchmal auch die Kinnpartie. Sehr häufig sehen wir dieses Gesicht, das im Profil an einen Keil erinnert, bei Bewegungsmenschen, die sich vorwiegend nach Körperanstrengungen wohl fühlen: also bei Sportlern, aber auch bei Abenteurern, Einzelgängern, die mit sich oder nur sehr wenigen Menschen zufrieden sind und die eine dynamische Unruhe von einem Extrem ins andere treibt.

Wenn wir diese dynamischen und extravertierenden Tendenzen im Profil einer Frau feststellen, haben wir es sehr oft mit einem mehr männlichen Charakter zu tun, der äußerlich alle Attribute einer sehr weiblichen Frau präsentieren kann. Vielleicht denken Sie jetzt an Margaret Thatcher (siehe auch Seite 222), dem einzigen ›Mann‹ im britischen Kabinett. Oder an Indira Gandhi. Erobert eine Frau eine solch einflußreiche Machtposition, die bisher nur Männern vorbehalten war, muß gerade sie Männer von ihren männlichen Qualitäten überzeugen. Sie fühlt sich dann um so wohler, je mehr sie diese in ihr latenten Möglichkeiten ausleben darf – zum Stolz vieler Frauen und zum Staunen nicht weniger Männer.

Begegnet uns ein *verknautschtes Gesicht* mit großen Antennen, können wir davon ausgehen, von der zugehörigen Person Feuerwerke an Temperamentsausbrüchen, je nach Naturell sogar mit einem Schuß Exhibitionismus erwarten zu dürfen. Also etwa das, was Franzosen *coup de théâtre* nennen: beispielsweise die Rücktrittsdrohung eines Ministers, der nicht im entferntesten an einen solchen denkt. Nur ist die Szene nicht gespielt. Der Akteur – oder die Akteurin – ist von seinem beziehungsweise ihrem Temperament so überzeugt, daß es unbedingt zur Geltung kommen muß.

Wird das verknautschte Gesicht dagegen von introvertierenden Merkmalen dominiert, wie zum Beispiel verkleinerten Nasenlöchern, einem zusammengepreßten Mund, einem verhangenen Blick, läßt sich auf Orientierung der Affekte nach innen schließen: Ein solcher Mensch gestaltet sein Inneres oft zum seelischen Schlachtfeld um und zerfleischt sich manchmal selbst bei lebendigem Leib. Sicherlich war dies bei Franz Josef Strauß (siehe auch Seite 225) nicht der Fall.

Steffi Graf

Wenn sich das runde Babyprofil zu einem so keilförmigen Erwachsenenprofil entwickelt, liegt der Fall einer ungewöhnlich großen Dynamisierung der Persönlichkeit vor. Übrigens, ihre alte Rivalin Martina Navratilowa hat ein ähnliches Profil.

Steffi Grafs kleine, etwas tiefliegende Augen und die verdeckten Nasenlöcher verraten ihre Introversion: Der Umgang mit den Journalisten hat sie medienbewußt und mediengewandt gemacht, aber weniger Kontakte sind ihr wahrscheinlich lieber als das von anderen so geschätzte Bad in der Menge.

Gut motiviert, verfügt eine solche Persönlichkeit über die Basis zu großen Leistungen: ob als Spitzensportler, als Entdecker neuer Kontinente oder als extremer Kletterer – insgesamt als ein sich nicht schonender Tatmensch.

Franz Josef Strauß

In seinen letzten Lebensjahren affektiv, im mittleren Lebensabschnitt, zum Beispiel als Minister in Bonn, vorwiegend of-

fener Gesichtstyp mit unverkennbarer Neigung zum Ego-
zentrischen. Seine Temperamentsausbrüche waren mehr als
politisches Theater, sie waren manchmal Eruptionen des Affektiven in einer von Politbeamten regierten Republik.

Margaret Thatcher

Ein vorherrschend reduzierter Gesichtstyp. Die Neigung der Stirn wirkt einer zu starken Introversion entgegen.

Bei der Analyse eines Gesichts kommt es in erster Linie darauf an, zunächst den Grundtyp festzustellen und dann die Modifizierung dieses Grundtyps durch Sekundärtendenzen zu berücksichtigen.

Der nächste Schritt führt zur Untersuchung, welche der Schichten in einem Gesicht dominiert: die vitale, die emotionale oder die geistige Schicht. Diese Entscheidung sagt uns, *ob das Triebhafte, das Gefühlsmäßige oder das Intellektuelle den Ton angibt. Es leuchtet ein, daß in einem Gesicht nicht alle drei Schichten gleichermaßen dominieren können.* Wir haben herauszufinden, welche Schicht vorherrschend ist, welche die Subdominante spielt und welche neutral ist, also in ihrer Einflußnahme zurücktritt.

Stellen wir Zusammenhänge graphisch übertrieben vor:

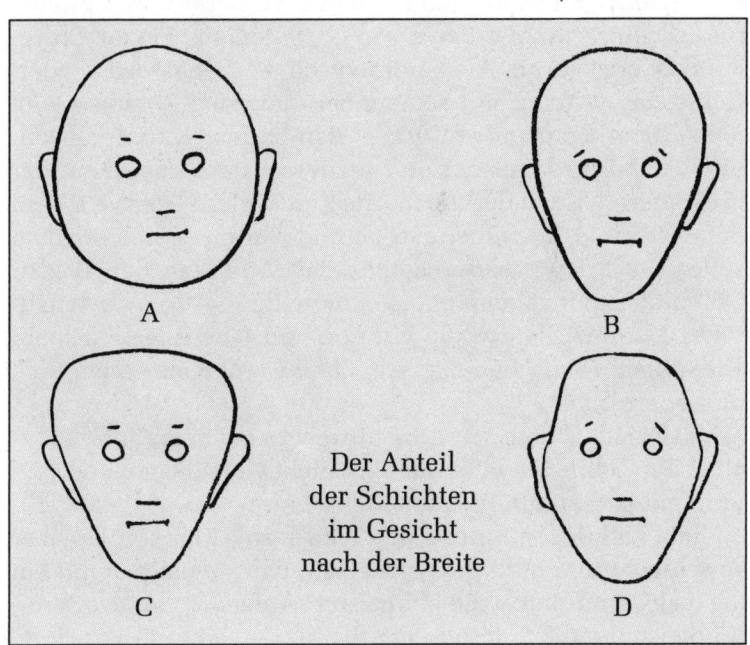

A

B

Der Anteil
der Schichten
im Gesicht
nach der Breite

C

D

Es ist unschwer festzustellen, daß bei A die emotionale Ebene am stärksten ausgeprägt ist. Vorstehende Backenknochen und eine große Nase würden das Überwiegen des Emotionalen unterstreichen.

Ähnliches kann man von B sagen, aber seine Kantigkeit läßt auf einen höheren Tonus, wenn nicht gar auf Hypertonie schließen, also auf eine Dynamisierung des Emotionalen, das ja weitgehend auch das Denken dominiert (so meint Arthur Schopenhauer, daß kein Gedanke in den Kopf gelange, der nicht zuvor vom Herzen gutgeheißen wurde).

Bei A ist an eine kindliche Gefühlswelt zu erinnern, die sich sehr leicht, oft zu leicht beeinflussen läßt. Stellen Sie sich um das Gesicht von A noch ein Tuch vor oder auf dem Kopf eine Schirmmütze: Fertig wäre die Russin oder der Russe mit der ›weiten Natur‹ (schirokaja natura), der großen russischen Seele, der Seele von Gestalten aus Fjodor Dostojewskis oder Iwan Alexandrowitsch Gontscharows Feder. Gontscharow schuf mit seinem berühmtesten Roman ›Oblomow‹ die gleichnamige Gestalt: den besten, gefühlvollsten, hilfsbereitesten, faulsten und verfressensten Menschen, der je existiert hat und der die meiste Zeit seines Lebens auf dem Sofa verbringt – sinnierend, ob und warum er sich erheben solle. Die Russen haben daraus das Wort und den Begriff Oblomowtschina geprägt, Oblomowtum – so wie faustisches Drängen, faustische Unruhe und faustisches Grübeln eher einem Deutschen zugesprochen werden als einem Spanier oder Araber.

Im Gesicht C dominiert die Stirn, was auf einen intellektuellen Typ schließen läßt, was aber nicht gleichbedeutend sein muß mit einem intelligenten Menschen.

Viele verkrachte Spintisierer sind hirnlastig, können aber so schlecht ihren Intellekt einsetzen, daß sie nicht einmal in der Lage sind, auch die simpelsten Aufgaben halbwegs zufriedenstellend zu lösen. Intelligenz ist eine strukturierte

Ganzheit von geistig-seelischen Fähigkeiten und nicht das Brillantfeuerwerk von denkenden Computern.

Bei der Person D herrscht der Einfluß der Vitalschicht vor, und es steht der emotionale Bereich an zweiter Stelle.

Zur Erinnerung: Die Morphopsychologie sagt nichts darüber aus, wozu jemand seine Vitalkraft einsetzt: ob beispielsweise als Vorkämpfer für sozial Entrechtete oder als Rauschgifthändler.

Bisher haben wir nur die in einem Gesicht *dominierende Schicht nach ihrer Breite* veranlagt. Wir müssen aber auch die *relative Mächtigkeit einer Schicht nach ihrer Höhe berücksichtigen.*

Stark schematisiert kann dies so aussehen:

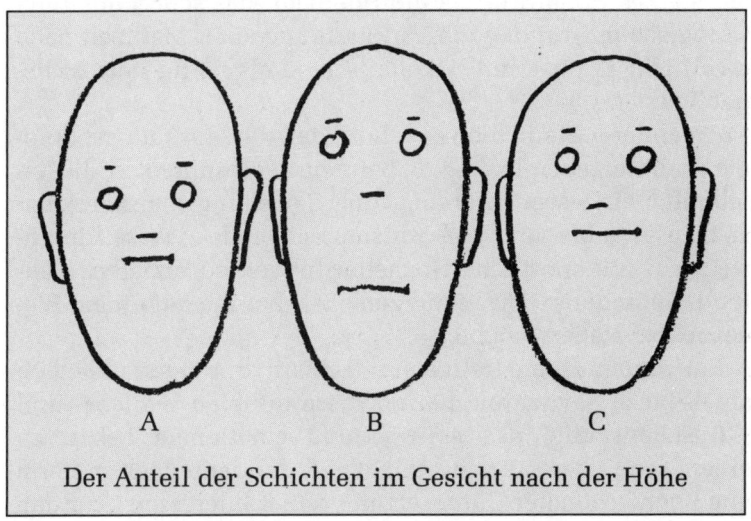

Der Anteil der Schichten im Gesicht nach der Höhe

A erinnert an das Gesicht George Bernard Shaws: Mit einer proportional dominierenden intellektuellen Schicht – im Gegensatz zur reduzierten emotionalen Schicht des Asketen – und einer ausreichend entwickelten Vitalschicht – der mit seinen Vitalkräften sehr behutsam umgehende Schriftsteller wurde weit über neunzig Jahre alt.

Auch das Gesicht von B wird Sie an einige Ihrer Bekannten erinnern: Proportional herrscht die emotionale Schicht vor, mit der Vitalschicht als einer Art Anhängsel.

Bei Gesicht C dominiert die Vitalschicht, obwohl sie die beiden anderen Schichten ausdehnungsmäßig nicht aussticht. Da aber die Vitalschicht im allgemeinen weniger Breite und Höhe einnimmt als die beiden anderen, beherrscht sie rein optisch dieses Gesicht.

Eine dominierende Vitalschicht – an einem Kopf mit hypotoner Muskulatur oft begleitet von einem Doppel- oder Dreifachkinn – läßt vor allem und meist nicht fälschlich an ein starkes Ernährungsnaturell denken, das schon aus physiologischen Gründen die Verflüssigung einer Mahlzeit nach zwölf Uhr mittags mit Alkoholischem als völlig normal betrachtet.

An anderer Stelle hieß es schon, daß die Morphopsychologie nicht angeben kann, wie bei einer Persönlichkeit die Vitalkräfte eingesetzt werden: Ein Bewegungsmensch kann sich in eine bis zum Masochismus gehende Askese hineinsteigern, um sportliche Höchstleistungen zu erzielen, während ein anderer Bewegung genießt, aber nie auf einem Siegespodest stehen möchte.

Bei einem Homo religiosus (Eduard Spranger) wie beispielsweise Savonarola heizen diese dunklen Wollens- und Wünschenskräfte das geistige und emotionale Leben zu einem scheinbaren Triebverzicht auf, der dann doch in Form von noch brutalerer Durchsetzung seiner Interessen über den Haufen geworfen wird. Da verzichtet ein Politiker – schlimmer noch, der charismatische Führer – zum Wohle seines Volkes auf alle persönlichen Annehmlichkeiten und erweist sich dann, wie so oft in der Geschichte, als egoistisches Ungeheuer und öffentliches Unglück. Ironisch charakterisierte

Nestroy solche Fälle: »Es gibt sehr wenig böse Menschen, und doch geschieht so viel Unheil in der Welt; der größte Teil dieses Unheils kommt auf Rechnung der vielen, vielen guten Menschen, die weiter nichts als gute Menschen sind.«

Eine gut entwickelte Vitalschicht garantiert jedoch noch kein langes Leben. Im Tierversuch erreichten gut, aber auf Magerbasis ernährte Tiere ein höheres Alter als entsprechend reichlich gefütterte Artgenossen. Und der Bauer hatte unrecht, der sich über den frühen Tod eines Schulfreundes mit den Worten wunderte: »Dabei hat er soviel Kraftnahrung zu sich genommen: Fleisch, Eier, Fett, Bier.«

Ein ewig kränkelnder Kümmerling muß, um sich nicht umzubringen, oft so strikte Diät einhalten, daß er ein hohes Alter erreichen kann.

Bei der Betrachtung des Muskeltonus dürfen wir nicht übersehen, in welcher Schicht wir in dieser Hinsicht fündig werden. Bisher sprachen wir nur von einem normo- oder hypo- beziehungsweise hypertonen Gesicht im Sinn der Gesamtphysiologie. Bei genauem Hinsehen fallen aber sehr häufig *unterschiedliche Spannungszustände* in ein und demselben Gesicht auf. Auch in diesem Fall gilt für Hypertonie Dynamisierung und für Hypotonie Schwächung. Um ein früheres Beispiel zu wiederholen: Ein vorwiegend offenes Gesicht unter Spannung verrät einen rührigen Menschen, der gern Kontakte sucht und vielleicht manchmal zu gutgläubig ist, auch deswegen, weil er insgesamt den Dingen nicht so auf den Grund gehen mag – dazu allerdings auch keinerlei Bedürfnis verspürt. Hinter diesem Typ verbirgt sich kein Philosoph, der alles, einschließlich sich selbst, hinterfragt. Ein offenes Gesicht mit ausgesprochener Hypotonie, salopp als schlaffe Visage abgewertet, läßt einen gutmütigen Kumpel vermuten, der für seine Freunde alles tut, wenn es nur nicht mit Mühe verbunden ist: Dann fallen ihm nämlich gute, charmante Ausreden im Dutzend ein.

Der *Spannungsgrad in einem Gesicht* hängt aber nicht nur vom Muskeltonus ab, sondern von den *Formen* der einzelnen Schichten. Denken Sie an Friedrich Schillers Gesicht mit der Adlernase, dem energischen Unterkieferbogen, den vollen, ›sprechenden‹ Lippen. Welche Spannung in der Architektur dieses Gesichts, obendrein erhöht durch muskuläre Hypertonie: der unruhig umherwandelnde, rebellierende Volkstribun der Bühne, der hektische Arbeiter, der nicht nur Szenen arrangiert, sondern auch sein geistiges Wachsen verbissen vorantreibt. Um wieviel weniger Spannung in Goethes Gesicht, das aber alles andere als hypoton ist: noch im höchsten Alter offen, mit großen, beherrschenden Augen und einem jugendlichen Mund (trotz der seit seinem zweiundvierzigsten Lebensjahr fehlenden Schneidezähne). Aber sein Antlitz ist abwartend, konservativ im Sinn von bewahrend, so wie auch sein Arbeitsstil nichts Hektisches an sich hatte. Er, der stetige Gestalter, ließ sich wachsen, wie ein Baum wächst oder eine Frucht. Er war zu klug, um in Wachstumsprozesse einzugreifen, er bremste sie auch nicht.

Betrachten wir einen Menschen, fällt uns meist ein bestimmtes Merkmal zuerst auf: entweder seine dominierende Körpergröße, seine Massigkeit, eine grob-fleischige Nase, ein verkniffener Mund, ein zurückfliehendes Kinn, ein regelmäßiges, weißes Gebiß, daß es immer wieder unsere Blicke anzieht.

So können in einem Gesicht große, verträumte Augen auffallen, die als erstes unsere Aufmerksamkeit fesseln. Verträumte Augen mögen einen Gedanken an Sensibilität suggerieren, vielleicht sogar an ästhetische Interessen.

Auf der leicht gewölbten Stirn (Abbildung Seite 173) entdecken wir im oberen Drittel die Andeutung von einem Band, das uns auf Kreativität schließen läßt. Die Stirn ist ansonsten spannungslos-unauffällig. Auch ihr geringer Anteil im Aufbau der drei Schichten läßt nicht den Eindruck einer

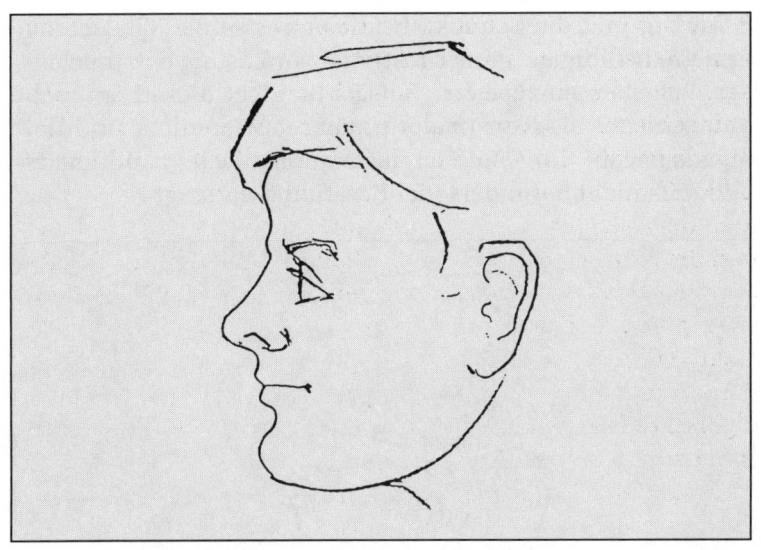

geistigen Dominanz aufkommen. Dagegen ist die Vitalschicht stark entwickelt: ein kräftiges Kinn mit einem energisch geschwungenen Unterkieferbogen, der sich beim Sprechen sogar noch nach vorne schiebt.

Wir kommen zu dem vorläufigen Ergebnis: dominierende
Vital- mit hypotoner Stirnschicht, ferner zwei Anzeichen,
die Interesse, vielleicht sogar gering vorhandenes Talent für
Kreativität folgern lassen. Wir suchen weiter: zwischen runden Wangen eine kleine Nase, die eher einen Sattel als einen
Haken bildet; gut sichtbar, in unserem Sprachgebrauch also
offen, die Nasenlöcher. Wir vermuten: Dieses offene Gesicht
könnte ein Überbleibsel der kindlichen Empfänglichkeit für
alle Außenwelteinflüsse sein. Läßt sich dieser Mensch
immer noch von der Außenwelt durchdringen? Ist er noch,
wie das Kind, im wahrsten Sinn des Wortes offen für viele
Anregungen von außen? Dann müßte dies seine Fähigkeit für
Kreatives wesentlich erhöhen. Auf alle Fälle würden ihn der

Schwung und die Schubkraft, die er aus seiner Vitalschicht bezieht, befähigen, seine Kreativität zur Lösung entsprechender Aufgaben einzusetzen. Tatsächlich lebt diese Frau recht und schlecht als Kunstmalerin, eher gewissenhaft und fleißig als begabt. Ihr Genre ist das naturalistische Landschaftsbild, das nicht besonders viel Kreativität verlangt.

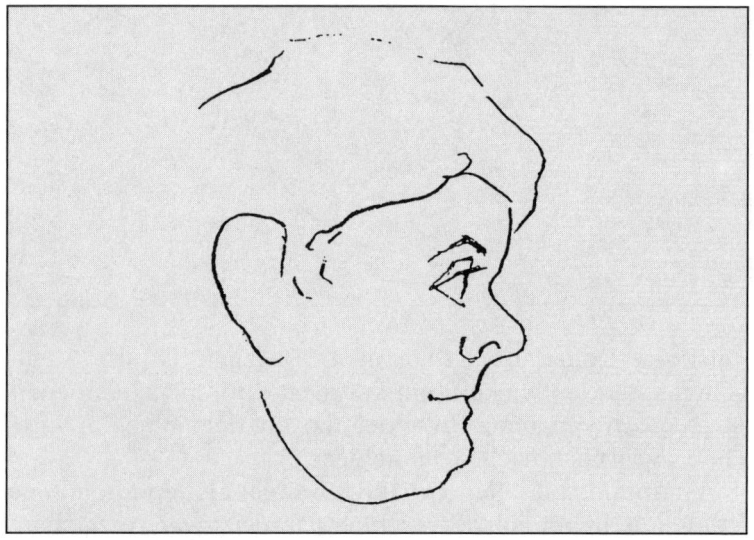

Untersuchen wir nun nochmals das Gesicht einer Frau mit dominierender Vitalschicht und einer hypotonen emotionalen Schicht, charakterisiert durch ein Himmelfahrtsnäschen mit kindlich offenen Nasenlöchern, hängenden Wangen und dünnen Lippen. Die Hypotonie der emotionalen Schicht zeigt den unbewußten Wunsch, sich führen zu lassen. Diese Frau ist stark abhängig von Menschen, die sie mag und die auf ihre Gefühle eingehen. Versteht es aber jemand nicht, ihre Gefühlswelt anzusprechen, oder verweigert er sich ihren Wünschen, meldet sich ihre starke Vitalschicht. Dann wird

sie, nachdem sie sich mit einem kräftigen Schluck Mut ange-
trunken hat, weinerlich-energisch. Sie tritt aber dem Verwei-
gerer ihrer Wünsche nicht frontal entgegen, sondern nimmt
sich ihm gegenüber Rechte heraus, die ihr nach der herr-
schenden Norm, die sie andererseits anerkennt, nicht zuste-
hen. Sie ist das schutz- und anlehnungsbedürftige Schmei-
chelkätzchen bei den einen und läßt sich von ihnen bereit-
willig führen. Gegenüber den anderen zeigt sie die Kehrseite
ihrer Persönlichkeit.

*Spannungsverhältnisse im Gesicht sind ambivalent. Sie
können Dauernahrung liefern für eine erhöhte Leistung von
Geist und Gemüt, sie können aber auch die Ursache für Rei-
bungsverluste und Frustrationen werden.* Wie die Entscheidung ausfällt, hängt von der Integrationsfähigkeit oder -unfä-
higkeit der Person ab. Aber auch die Integrationsstärke ist
nicht eine selbständige Kraft, sondern der Schnittpunkt vieler Motive, über die wir noch sprechen werden.

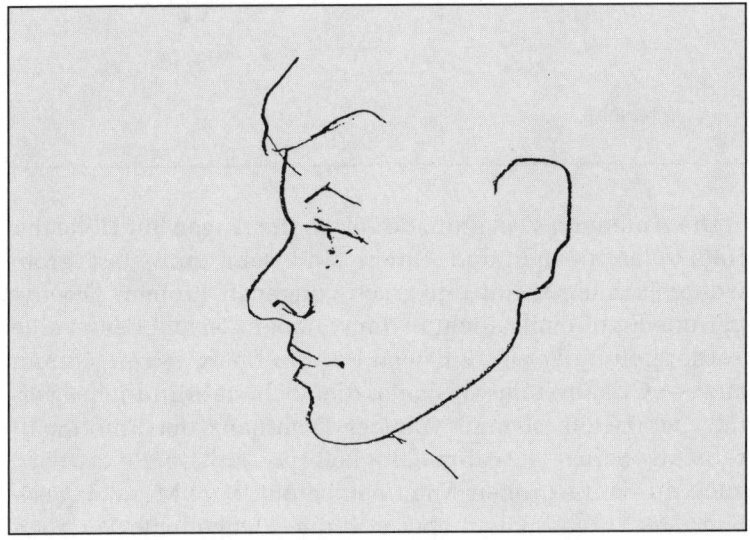

Bei einem Mann von fünfunddreißig Jahren fällt sofort der hohe Anteil der emotionalen Schicht in seinem offenen Antlitz auf, während proportional die geistige Schicht gering, die Vitalschicht dagegen subdominant ausgefallen ist: also ein offenes Gesicht in einem stark entwickelten emotionalen Feld bei einer guten Vitalschicht.

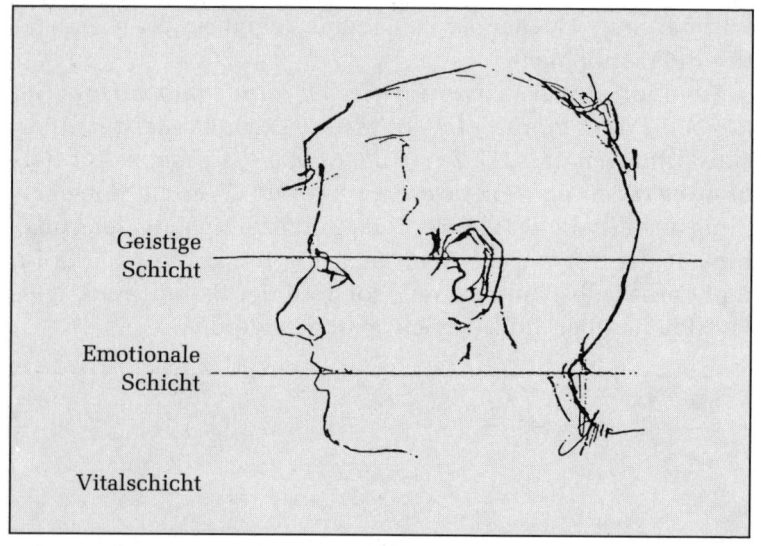

Die Antennen sind groß. So liegen die Augen auf Höhe der Haut. Nasenlöcher und Ohren sind sehr groß, fast grob, wohlgeformter Mund mit geschwungenen Lippen. Die hypertone Emotionalschicht in dem offenen Gesicht deutet eine Verdoppelung der Gefühlswelt an: Ein Energiestrom kommt aus der Offenheit des Gesichts, die noch viel Kindliches verrät. Der zweite stammt von der Dominanz der Emotionalschicht. Seine Aufnahmefähigkeit für äußere Reize wird auch durch die großen Antennen betont. Vom Mund abgesehen, läßt ihre Grobheit aber auf eine mangelhafte Verarbei-

tung von Außenreizen in Form von Verinnerlichung schließen. Der wohlgeformte Mund gleicht jedoch diesen Zustand
aus und vermittelt auch Sensibilität.

Nur große Anerkennung vermag einen solchen Menschen
zu motivieren. Sein Bedürfnis nach Emotionalität will ständig gefüttert werden. Da er dieses in seinem Beruf (Controller
in einer Produktionsabteilung, wo er eher auf Ablehnung als
auf Zustimmung stößt) nicht findet, geht er beruflich in die
innere Emigration und deckt seinen Bedarf an positiven
Emotionen durch Amouren und künstlerische Hobbys: Er
musiziert und führt bei einer Laienspielgruppe Regie. Seine
gut entwickelte Vitalschicht hilft ihm, sich dabei spielend
durchzusetzen. Das Übermaß an Emotionalität und das Fehlen von Zügen, die auf eine veredelnde Introversion deuten,
erklären seinen Mangel an Selbstbeherrschung. Mit anderen
Worten: Er poltert sowohl im Beruf als auch in der Laien-
spiel- und Musikgruppe oft unkontrolliert los.

Unter ähnlichen Voraussetzungen entwickelte sich ein Zwanzigjähriger zu einem Narziß: Wegen seiner schroffen, explosiven Art, die ihn für andere unerträglich macht, muß er sich selbst die Liebe geben, die ihm in seinen Augen von seiner Umgebung verweigert wird. Schon als Kleinkind wurde der zusammen mit Mädchen aufwachsende Junge als eine Art Pascha und Kronprinz erzogen. Seine starke Vitalschicht erkämpfte sich nun Anerkennung: In der Schule fiel er durch aggressive Clownereien auf, später in Bars durch die Verschwendung des Geldes seiner Eltern. Und schließlich demonstrierte er mit Autos und Motorrädern einige Kraftakte, die selbst die Polizei vor Rätsel stellten.

Nach jeder seiner Eskapaden stieß er bei Eltern und Schwestern zunächst auf Ablehnung, was ihn unausstehlich machte. Verspürte er aber schließlich Mitleid, wurde er für kurze Zeit das charmanteste Familienmitglied. Dann zeigten sich die Vorzüge seines offenen Gesichts.

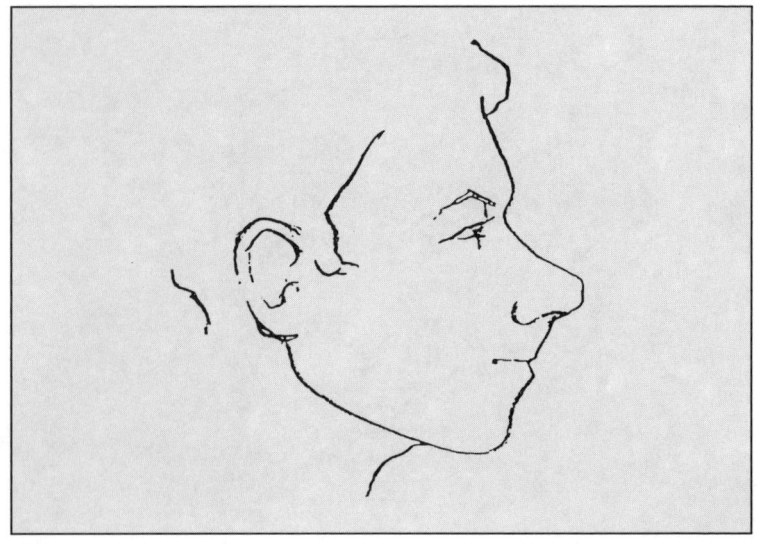

Ein dreißigjähriger Ingenieur zeigt ein stark reduziertes Gesicht (Spannung in den Wangen, kleine Antennen in einem kleinen Gesichtsrahmen, verbissener Mund) bei einer guten geistigen Schicht mit stark entwickelten Höckern über den Augen, aber einer ausgeprägten Hypotonie im Vitalbereich (zurückfliehendes Kinn). Seine Ausbildung als Ingenieur und seine scharfe Beobachtungsgabe (Stirnhöcker über den Augen) veranlassen ihn, sich intensiv mit Erfindungen zu beschäftigen. Die starke Introversion hindert ihn jedoch, seine Gedanken mitteilen zu können. Die Hypotonie in der Vitalschicht schwächt zwar die Aggressivität ab, nimmt ihm aber auch den Elan.

Bald wird ihm in der Firma nachgesagt, ein nur wenig produktiver Träumer zu sein. Immer wieder fängt er etwas Neues an, das er aus mangelndem Stehvermögen nicht zu Ende führt. Er wechselt zweimal den Arbeitgeber und bringt jedesmal nicht viel mehr als seine persönlichen Probleme ein.

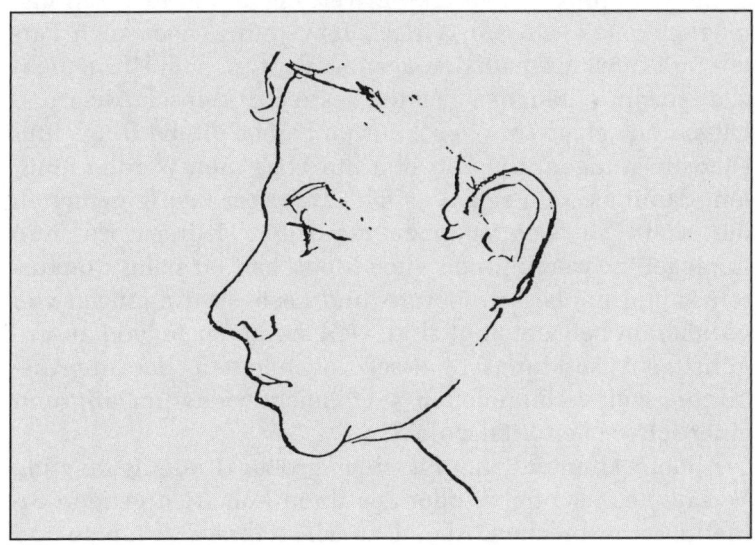

Zum Schluß noch die Kombination einer hypertonen Stirn (mit allen Anzeichen von scharfer Beobachtungsgabe und fruchtbarer Kreativität) mit einer schwach entwickelten Vitalschicht. Stößt der zweiundvierzigjährige Informatiker in einer Besprechung auf Bedenken oder Widerstand, zieht er sofort seinen Vorschlag zurück. Er kann sich auch als Führungskraft nicht durchsetzen. Da er aber immer wieder brillante Ideen präsentiert, wird er Fachreferent: also eine Einmann-Abteilung, die die Unternehmung mit Theorien versorgt, während andere sie verwirklichen und Stufe um Stufe auf der hierarchischen Leiter höherklettern.

Ein Mißverhältnis zwischen der Vitalschicht einerseits und den beiden anderen Schichten andererseits kann zu großen Problemen für die betreffende Person führen. Bei einer schwachen Vitalschicht fehlt die Durchsetzungskraft für Bedürfnisse, die beispielsweise von einer potenten geistigen oder emotionalen Schicht angemeldet werden. Dann kommt es zu Spannungen zwischen Erwartungen und Realisationsmöglichkeiten. Unsere Wirtschaftswerbung, aber auch Partei- und Gewerkschaftspropaganda, flüstern dem Umschmeichelten ein, worauf er als netter, gestreßter Mensch Anspruch habe, und zeigen ihm in schönsten Farben all die Dinge und Dienstleistungen, die von ihm nur abgerufen werden müßten, damit sie sein seien. Es fehlt ihm aber häufig genug an der Kraft, sie sich auch zu erarbeiten. Fairerweise muß hinzugefügt werden, daß viele Menschen oft beim Konkurrenzkampf um bessere Berufs- und Lebensbedingungen von vornherein benachteiligt sind, weil sie in der Jugend zu ungünstige Ausbildungsvoraussetzungen hatten oder ihre Ausbildungszeit verbummelten – vielleicht wiederum aufgrund einer schwachen Vitalschicht.

Andere könnten nur mit einer großen Kraftanstrengung Versäumtes nachholen oder aus ihren unbefriedigenden Situationen ausbrechen. Aber dazu fehlen ihnen Mut, Elan und

Durchstehvermögen. Durch Flausen, Gedankenlosigkeit, übereilte Entschlüsse fanden sie sich in ungeliebten Berufen oder zu frühen familiären Bindungen oder auch in zu langjährigen Zahlungsverpflichtungen wieder, aus denen sie keinen Ausweg sahen.

Diese wenigen Beispiele sollten zeigen, daß wir das Gesicht zwar als Einheit betrachten, es aber auch nach seinen Proportionen und Tendenzen untersuchen müssen. Bei der Analyse der Porträts (ab Seite 205) werden wir diese Erkenntnisse zusammenfassend systematisch darstellen.

Dabei kommt der Morphopsychologe nicht ohne *Intuition* aus.

Warum?

Schon 1936 fanden Allport und Odbert etwa viereinhalbtausend Eigenschaftsbegriffe im Englischen. Allein diese Zahl beweist, wie unmöglich es ist, eine Eigenschaft in einem Gesicht zu lesen.

Bereits 1913 hatte der große Verhaltenspsychologe Edward Lee Thorndike festgestellt, daß es »keine klaren, allgemeinen Eigenschaften der Persönlichkeit [Die englischsprachige Literatur verwendet kaum den Terminus ›Charakter‹, sondern fast ausschließlich den Begriff ›Persönlichkeit‹], keine allgemeinen und konsistenten Verhaltensformen« gibt, sondern nur unabhängige und spezifische Reiz-Reaktions-Verbindungen oder Gewohnheiten. Was er Reiz-Reaktions-Verbindungen nannte, teilten dann andere psychologische Schulen auf in den *variablen* und den *konstanten Anteil der Persönlichkeit.* Der konstante Anteil mündete in den Begriff Typus ein. So kann die Morphopsychologie nur mit Typologien arbeiten, beispielsweise dem Typ des stark reduzierten oder des affektiven Menschen.

Was dann aber die unermeßliche Anzahl von Variablen aus dem Typus macht, kann keine Methode der Welt a priori erkennen. Das ist nicht die Schuld der Morphopsychologie, sondern das Ergebnis der unendlich vielgestaltigen Situationen, in die ein Individuum gerät.

Mogelt ein Student an einer der englischsprachigen Eliteschulen, muß er diese verlassen; deshalb wird dort, zum Beispiel in den USA, weniger abgeschrieben als bei uns. Wird jemand in Deutschland beim Abschreiben erwischt, hat er nur Pech gehabt und bekommt ein ›Ungenügend‹.

Aber deswegen sind nordamerikanische Prüfungskandidaten auch nicht ehrlicher als ihre Leidensgenossen hierzulande.

Über die Vielfalt der Einflüsse auf variable und konstante Anteile der Persönlichkeit werden wir in einem gesonderten Kapitel zurückkommen.

Zuvor müssen wir uns noch mit der *Asymmetrie* im Gesicht befassen – nicht aber, ohne nicht nochmals auf die Bedeutung der Intuition hinzuweisen:

Unseren angeborenen Analysemechanismus von Mimik und Körpersprache können wir als einen Teil unserer Intuition betrachten, also des instinktiven Begreifens.

Wenn Sie beim Lesen der Wortpaare ›reduziertes Gesicht‹ beziehungsweise ›offenes Gesicht‹ oder der Hauptwörter ›Affektiver‹, ›Reagierender‹, ›Egozentriker‹ gleichzeitig entsprechende Gesichter vor Ihrem geistigen Auge sehen, besitzen Sie schon die Grundvoraussetzung des Morphopsychologen: nämlich, intuitiv ein Gesicht auf sich einwirken zu lassen und zu warten, was Ihnen dazu in den Sinn kommt. Vielleicht ergeht es Ihnen schon jetzt so, daß Ihnen ein Blick, den Sie aus dem Auto oder vom Fahrrad herunter auf einen Passanten werfen, genügt, um einen morphopsychologischen Ersteindruck zu gewinnen.

Das ist mit dem oben verwendeten Begriff ›instinktives Begreifen‹ gemeint.

Aber Sie wissen auch: Ein Könner spielt nicht nur auf einer Saite seiner Geige.

Kurt Waldheim

Reduziert mit kleinen Augen, verdeckten Nasenlöchern und einem dünnlippigen Mund charakterisiert den vorherrschenden Gesichtstyp.

Asymmetrien im Gesicht

Kein Gesicht ist regelmäßig geformt. Wie asymmetrisch Gesichter sein können, erkennen wir am besten an Photomontagen von En-face-Bildern, bei denen ein und dieselbe Gesichtshälfte zu einem Gesicht zusammengefügt wurde. Manches scheinbar regelmäßige Gesicht, etwa das von Kardinal Richelieu, wird auf diese Weise fast unkenntlich. Wie asymmetrisch Ihr Gesicht ist, können Sie beim Friseur feststellen: etwa beim Haarewaschen, wenn Sie den Kopf weit zurücklegen müssen. Blinzeln Sie dann in den Spiegel. Allerdings müssen Sie frontal davor sitzen.

In diesem Kapitel soll indes nicht die Rede sein von dieser Art Asymmetrie, sondern von einer, die auf den ersten Blick sichtbar ist.

Ausschließen müssen wir natürlich durch Lähmungen erfolgte Unregelmäßigkeiten, wie sie durch Schlaganfälle, bei Geburten (für Mutter und Kind) sowie als Folge äußerlicher Traumen entstehen können.

Mimische Asymmetrien

Je lebhafter die Mimik ist, desto stärkere Asymmetrien entstehen. Solche *Asymmetrien sind vorübergehend.* Bei vorübergehenden Asymmetrien befindet sich unsere Psyche in einem Ungleichgewicht. Sie blinzeln beispielsweise mit dem rechten Auge jemandem zu, was aber einem, der links von Ihnen sitzt, unbemerkt bleiben soll. Oder wir lächeln geringschätzig. Dann lächeln wir, obwohl uns nicht danach zumute ist. Vor der Kamera entstehen viele Asymmetrien, weil wir einerseits ›bitte recht freundlich‹ dreinschauen wollen, uns andererseits gar nicht so fühlen. Auch Lügen rufen sehr leicht Asymmetrien hervor, wie Sie sich vom ersten Teil dieses Buches her entsinnen werden.

Bei vielen Menschen werden Sie feststellen: Verliert ihr Gesicht durch Mimik die Symmetrie, wirkt es ganz anders. Ein durch Leid, Wut oder Lachen asymmetrisch gewordenes Gesicht paßt auch besser zur Persönlichkeit als das gewöhnlich zur Schau gestellte symmetrische. Gründe dafür gibt es viele:

Ein Mensch, der sich gern würdevoll gibt, lacht über einen Vorfall plötzlich so herzlich-unbeschwert, wie Sie ihm dies bisher gar nicht zugetraut hätten. Was ist passiert? Für Sekunden hat sich hinter einer Maske sein wahres Gesicht gezeigt. Wahrscheinlich ist sein Ernst, sein bedeutungsvoll wirkendes Äußeres nur Gehabe. Oder jemand, den Sie ob seiner Reserviertheit stets bewundert haben, verzerrt für kurze Zeit sein Gesicht zu einer wütenden Grimasse. Nun wissen wir: So kühl ist der gar nicht, und es ist eher seine allgemeine Selbstbeherrschung zu bestaunen. In Wirklichkeit schluckt er sehr viel hinunter. (Vielleicht schauen Sie jetzt, ob er stark ausgebildete Nasolabialfalten hat, also eine *Facies gastrica:* Dann laboriert er wahrscheinlich auch noch an einem nervösen Magen oder an Beschwerden des Zwölffingerdarms.) Oder eine Person – meist sind es Frauen *entre deux âges,* wie die Franzosen alternde Damen nennen – gibt sich inmitten allgemeinen Gelächters große Mühe, ihr Gesicht nicht zu verziehen. Spielt sie nun die Würdevolle, die Erhabene, die Erhobene, oder hat sie nur Angst vor Faltenbildung? Auf alle Fälle verrät sie spätestens jetzt das Gewollte ihres Verhaltens, und Sie tun hier nicht unrecht, die Weisheit des spanischen Sprichworts anzuwenden: »Sage mir, was du willst, und ich sage dir, was dir fehlt.«

Rita Süssmuth

Sehr fraulich und für eine Politikerin auffallend offen; emotioneller als intellektuell – jemand, den man gern als Nachbarin hätte.

Helmut Kohl

Die dominierende Vitalschicht gibt Kohl als Kanzler das
Gefühl, die Bundesrepublik und die neuen Bundesländer
seien sein Revier.

Strukturelle Asymmetrien

Die strukturelle Asymmetrie kann sechs Ausgangspunkte haben:

1. Asymmetrien in der Breite des Gesichts
2. Asymmetrien in der Länge des Gesichts
3. Asymmetrien in der Tiefe des Gesichts
4. Asymmetrien in der Vitalschicht
5. Asymmetrien in der emotionalen Schicht
6. Asymmetrien in der geistigen Schicht

Wir werden aber Beispiele sehen, daß sich *Asymmetrien kombinieren* können, das heißt, wir finden dann Asymmetrien etwa in der Vitalschicht, aber auch in der Länge des Gesichts und dazu noch im emotionalen Bereich und dergleichen mehr.

Die Asymmetrie in der *Breite* können wir im allgemeinen unberücksichtigt lassen. Die Annahme, daß eine stärker entwickelte linke Gesichtshälfte auf andere Persönlichkeitsstrukturen hinweist als eine dominierende rechte, entbehrt jeder Grundlage. Anders liegen die Verhältnisse im Bereich des Kiefers (siehe Seite 167) und der Stirn sowie des Schädeldachs, das wir aber nur bei Glatzenbildung sehen können.

Erst seit einigen Jahren (genauer, seit Professor Roger Sperry zum erstenmal das Corpus callosum, den Verbindungssteg zwischen der rechten und der linken Gehirnhälfte, durchtrennt hat) wissen wir, daß die linke Gehirnhälfte ganz andere Aufgaben zu erfüllen hat als die rechte. Salopp gesagt: Die linke Gehirnhälfte ist der Logiker, der Denker in uns, die rechte der Künstler. Das hat eine Vielzahl von Untersuchungen ergeben, die Sperry 1981 den Nobelpreis einbrachten.

Stellen Sie sich folgenden Versuch vor: Gehirnforscher haben eine Gruppe von Architekten an Elektroenzephalographen (EEG) angeschlossen, die feinste Gehirnströme messen, so wie ein EKG die feinsten Herzströme registriert.

Nun erhalten die Architekten eine Rechenaufgabe: Das EEG stellt jetzt eine erhöhte Aktivität der linken Gehirnhälfte, also des Denkers, fest. Anschließend müssen die Architekten eine Arbeit erledigen, die Kreativität fordert, etwa eine Hausfassade gestalten. Nun registriert das EEG eine stärkere Tätigkeit der rechten Gehirnhälfte. Da das Schädeldach wie andere Knochen mit einer Knochenhaut bedeckt und obendrein auch noch mit vielen Nerven ausgestattet ist, kommt es durch erhöhte Reizungen einer der beiden Gehirnhälften zu Wachstumsreizen im zuständigen Bereich der Schädeldecke. Deswegen ist für Menschen mit vorwiegend logischer Beschäftigung (zu denen beispielsweise Juristen, Physiker, Mathematiker, Philosophen zu zählen sind) eine leicht verstärkte Ausbildung der linken Schädeldecke charakteristisch. Sinngemäß finden wir diese Entwicklung bei Künstlern (zum Beispiel Malern, Bildhauern, Graphikern, Literaten und anderen) auf der rechten Seite. Beide Erscheinungsformen kommen allerdings erst bei älteren Menschen zum Ausdruck, die also jahrzehntelang in einer der beiden Richtungen geistig tätig waren.

Ein Hinweis: Diese Angaben gelten für geborene Rechtshänder und spiegelverkehrt für geborene Linkshänder. Wie Sie unauffällig herausfinden, wer was ist, können Sie auf Seite 25 im Kapitel ›Verräterische Augen‹ nachlesen.

Sprechen wir nun von der Asymmetrie in der *Länge* des Gesichts. Wir finden diese Erscheinung vor allem in der Vitalschicht. Da kann dann eine Seite der Kinnlade nicht nur ausladender, sondern auch länger beziehungsweise kürzer sein als die andere. Oder die Kinnmuskulatur ist asymmetrisch verteilt. Zuerst müssen wir uns vor einer Interpretation aber vergewissern, daß kein früherer, schlecht verheilter Kieferbruch vorliegt, der an Gesichtsnarben zu erkennen ist.

Ein zweiter wichtiger Anhaltspunkt ist das Gebiß. Schlechte oder fehlende Zähne haben viele Menschen dazu gezwungen, vermehrt oder ausschließlich nur auf einer Zahnreihe zu kauen: Dies kann im Laufe der Jahre zu Verformungen der Kinnlade und der Kiefergelenke führen. Aus solchen Fakten dürfen wir keine Rückschlüsse auf die Persönlichkeit ziehen – außer vielleicht derjenigen, daß die betreffende Person mit ihrer Gesundheit und ihrem Aussehen nachlässig umgeht. Vergessen wir aber nicht: Ansonsten mutige Leute leiden manchmal unter einer panischen Angst vor Zahnärzten, weswegen sie auch lieber ein unappetitliches und krankes Gebiß in Kauf nehmen. Ob ein Mensch bevorzugt auf einer Seite kaut, läßt sich im übrigen feststellen, wenn er ißt.

Haben wir Deformationen durch Traumen und ein mangelhaftes Gebiß ausgeschlossen, ferner den seltenen Fall einer Schwellung der Ohrspeicheldrüse und der Halslymphknoten, können wir morphopsychologisch vorgehen: Eine *Verkürzung* bedeutet Spannung, eine *Verlängerung* läßt auf Entspannung bis Hypotonie schließen. Dieses Ungleichgewicht wirkt sich in der Persönlichkeit aus wie unterschiedliche Gewichte auf eine Schalenwaage. Unter größerer Belastung sinkt eine Schale, die andere geht hoch – und umgekehrt. Je nach Situation balanciert auch die Persönlichkeit eines solchen Menschen gern zwischen Hochs und Tiefs, etwa zwischen Freundlichkeit und unerklärlichen Ausbrüchen. Paradebeispiel hierfür war Herbert Wehner: einerseits ein sensibler Hölderlinkenner und liebenswerter Plauderer, andererseits ein bissiger, explosiver Politprofi.

Dieses Pendeln zwischen zwei Extremen war nicht nur an seinem schiefen Mund und asymmetrischen Kinn ablesbar, sondern verstärkte sich noch durch die Blutzuckerschwankungen seines Diabetes.

Bei Asymmetrien der *Tiefe* denken wir beispielsweise an Augen, die unterschiedlich tief liegen. Diese Erscheinungen können aber auch unterschiedlich tiefe Nasolabialfalten oder Falten über der Nasenwurzel betreffen und anderes mehr.

Asymmetrien in den drei Schichten

Nach den Gedanken über das Wesen von Asymmetrien im Gesicht wollen wir uns nun vorwiegend mit Einzelerscheinungen beschäftigen. Dabei spielt eine große Rolle, in welcher der drei Schichten wir auf eine Asymmetrie stoßen.

Asymmetrien in der *geistigen Schicht* sehen wir oft in Falten zwischen den Augenbrauen, wie zum Beispiel beim Schreibtisch-Massenmörder Adolf Eichmann (siehe Seiten 193 und 194).

Auch die beiden Höcker im Bereich des dritten Stockwerks der Stirn, die auf Kreativität und Phantasie schließen lassen, liegen nicht auf derselben Höhe. Die Zone seiner linken Augenbraue scheint wie von einem Faustschlag geschwollen zu sein.

Andere Asymmetrien betreffen manchmal die Augen. Dann liegt eins etwas tiefer als das andere oder ist von unterschiedlicher Größe.

Eine leichte Asymmetrie erzeugt eine positive Spannung, die uns Schubkraft verleiht. Da drängt sich als Beispiel die erotische Liebe auf, die sich ja ebenfalls in einer positiven Spannung äußert, die nach Abreaktion strebt, des Menschen Phantasie und Einfallsreichtum beflügelt und seine Verwirklichungskräfte dynamisiert.

Starke Asymmetrien können lähmen, so wie sich ein Verhafteter gelähmt fühlt, an dessen beiden Armen je ein Polizist zieht. Die Redewendung, jemand sei zwischen diesem und jenem hin- und hergerissen, drückt den Einfluß einer starken Asymmetrie aus, übrigens auch der Titel der Nestroy-Komödie ›*Der Zerrissene*‹.

Diese Menschen scheinen in sich alles Komplizierte, Widerspruchsvolle, Vieldeutige, sich Kreuzende und Aufhebende vereinigt zu haben zu einer Persönlichkeit von Nichts.

Karel Gott

Kein menschliches Gesicht ist regelmäßig geformt, auch
wenn es scheinbar so wirkt. Ein Beispiel für ein Gesicht
mit zwei besonders unregelmäßigen Gesichtshälften.

Adolf Eichmann

Der vorherrschende Gesichtstyp: Stark reduziert, ein überaus introvertierter Mensch. Muster eines verkrampften Menschen.

Ob Asymmetrien im geistigen Bereich anregen oder lähmen, verrät häufig der Blick. Den durch Asymmetrien in der geistigen Schicht Vielfältigen, bis zum Multitalent Gereiften kennzeichnet ein solch lebhafter, selbstsicherer Blick. Diese Menschen können oft witzig oder humorvoll sein, weil sie das Unvereinbare, Sichwiderstreitende in sich zur Genüge erfahren: Das Wesen von Witz und Humor besteht ja darin, sich Widersprechendes in knappster Form darzustellen und die Asymmetrien in unserem Leben als Momentaufnahmen festzuhalten.

Bei Asymmetrien im *emotionalen Bereich* fällt häufig eine schiefe Stellung der Nase auf, wie etwa bei Eichmann, und obendrein ungleichmäßig abstehende Ohren, deren linkes bei Eichmann auch noch etwas höher angewachsen ist.

Wenn Sie sein Gesicht so abdecken, daß nur noch die Mundpartie zu sehen ist, erkennen Sie die ganze Verkrampfung einschließlich der Asymmetrie der Nasolabialfalten.

Asymmetrien in der *Vitalschicht* kommt eine besondere Bedeutung zu, weil sie allen Persönlichkeitsmerkmalen die Energie liefert beziehungsweise nicht liefert. In anderem Zusammenhang war bereits von mangelndem Realisationsvermögen einerseits bis hin zu energischster Verwirklichung von Triebzielen andererseits die Rede, aber auch von explosionsartigen Ausbrüchen oder verbissenen Langzeitleidenschaften. Hierbei fällt Eichmann nochmals negativ mit seinem asymmetrischen Kinn auf.

Wesens- und Verhaltenseigenschaften

Einer der *größten Trugschlüsse* in der *Beurteilung von Menschen* besteht darin, von *Verhaltens- auf Wesenseigenschaften zu schließen.*

Da genießt jemand den Ruf, höflich und verständnisvoll zu sein, etwa zu seinen Kunden. Einige seiner Kollegen und Untergebenen erleben ihn aber vorwiegend barsch und herrisch. Oder jemand wird als kontaktfreudig, offenherzig und gesprächig geschildert. In einem bestimmten Kreis gilt er jedoch als schweigsam, muffig, wenn nicht gar als mürrisch.

Nur zu oft gehen wir von der stillschweigenden Annahme aus, daß hinter jeder Verhaltensweise eine bestimmte Eigenschaft steckt, die die Verhaltensweise verursacht. Sehr oft ist dem aber nicht so. Deswegen verzichten die *Behavioristen* darauf, sich mit charakterologischen Eigenschaften zu beschäftigen, und konzentrieren sich nur auf Verhaltensweisen.

Die *Morphopsychologie* kann keine Aussagen machen über Verhaltenseigenschaften, sondern nur über *Wesenseigenschaften,* sowenig wie ein Testpsychologe bei der Ermittlung des Intelligenzquotienten sagen kann, ob ein Proband seine hohe Intelligenz zur Behebung von Umweltschäden oder zu deren Verursachung einsetzt.

Im ersten Teil dieses Buches, der sich mit Einzelzeichen des Gesichtsausdrucks beschäftigt, besprachen wir aber eine Vielzahl von Signalen, die auf Verhaltenseigenschaften hinweisen. Schon jetzt soviel: Vergleiche zwischen Einzelzeichen in der Physiologie eines Menschen und Funden beziehungsweise Befunden bei der Gesamtschau eines Gesichts – dem Inhalt des zweiten Teils – regen zu interpretierendem Nachdenken an.

Die Morphopsychologie kann, wie jedes andere Instrument der Menschenkenntnis, nur mit *Wahrscheinlichkeitsthesen* arbeiten. Jemand mit offenem Gesichtstyp, feingestalteten Antennen, symmetrischen, gut entwickelten emotionalen und vitalen Schichten wird normalerweise zu seinen Mitmenschen reibungsloser, kontaktfreudiger und herzlicher stehen als jemand mit einem stark reduzierten Gesicht voller Asymmetrien, Verspannungen und Reduktionen, wie es Eichmann uns präsentiert. Dies schließt aber nicht aus, daß unser Sonnyboy gelegentlich schon mal äußerst aufbrausend und unhöflich sein kann, sowenig wie ein Massenmörder zu allen Menschen gefühllos brutal sein muß.

Welchen Gebrauch jemand von seinen Wesenseigenschaften macht, hängt weitgehend von seiner *Motivation* ab. Durch Motivation wurden aus dem luxuriös lebenden Prinzen Siddhartha Gautama der Weltentsager Buddha, aus dem leichtlebigen Sohn eines wohlhabenden Kaufmanns der Begründer des Bettelordens, Franz von Assisi, und aus einem adligen Schürzenjäger und Höfling der Schöpfer der Bruderschaft Jesu, Ignatius von Loyola, der Kadavergehorsam von sich und seinen Anhängern ›zur größeren Ehre Gottes‹ verlangte. Wir wissen nicht, was wohl aus Adolf Hitler geworden wäre, hätte ihn nicht die Prüfungskommission der Wiener Kunstakademie durchfallen lassen.

Sprechen wir von Motivation, müssen wir den Begriff der *Kompensation* (mit deren Auswirkungen sich mein ebenfalls im Ariston-Verlag erschienenes Buch ›*Hinter der Maske: der Mensch – Durchschauen Sie Verstellung und Rollenspiel!* ausführlich beschäftigt) miteinbeziehen. Bestimmt die Motivation Intensität, Beständigkeit und allgemeine Richtung eines Verhaltens, so erblicken wir in einer Kompensation den Ausgleich einer bewußten oder unbewußten Minderwertigkeit oder Unsicherheit gegenüber gesellschaftlichen, familiären und individuellen Idealen.

Da sehen Sie ein Mädchen von achtzehn Jahren mit einem offenen Gesicht, groben, asymmetrisch abstehenden Ohren und einer schwach entwickelten Vitalschicht. Die Natur hat es vom Aussehen nicht gerade begünstigt. Außerdem hinkt es und ist fettleibig. Ein Mensch mit so einem Gesicht trachtet nach Kontakten zwischenmenschlicher Wärme und Offenheit. Da das Mädchen aber wenig Anklang findet, kompensiert es seine Mängel: Es wird kokett, überfreundlich, anbietend und promiskuitiv. Unter ähnlichen Voraussetzungen sperrt sich eine andere ein, verleugnet jedes Interesse an Männern, verhält sich ihnen gegenüber kurz angebunden und aggressiv, weint sich bei ihrer Freundin aus und verrät nur durch ihr dickes Make-up und das brave Befolgen extremer Modevorgaben, daß sie bewußt oder unbewußt ihr Grundwesen, das man am Gesicht ablesen kann, noch nicht aufgegeben hat – höchstwahrscheinlich nie aufgeben kann.

Wie sehr Verhaltens- und Wesenseigenschaften auseinanderklaffen können, zeigen vor allem die Ergebnisse aus der Erforschung eineiiger Zwillinge. Im Aussehen oft zu verwechseln, im Wesen häufig ähnlich, unterscheiden sie sich im Verhalten erheblich, wenn sie beispielsweise unmittelbar nach der Geburt zur Adoption freigegeben wurden und in unterschiedlichen Verhältnissen aufwuchsen. Da kann dann einer mit fünfundzwanzig Jahren Juniorchef eines bedeutenden Unternehmens sein und sein Bruder Hilfsbriefträger, weil dessen Adoptiveltern von Schulen und Ausbildung gar nichts hielten und ihn frühzeitig zum Geldverdienen schickten.

Stößt der Morphopsychologe auf *Widersprüche zwischen Gesichtsbefunden und Verhaltenseigenschaften, ist dies nicht die Schuld der Morphopsychologie, sondern die Ursache von Umwelteinflüssen und/oder von Kompensationen, sehr häufig von beiden.* Der Morphopsychologe wird also Detektiv spielen müssen, aber nun nicht mehr im Gesicht, sondern im Lebenslauf seines Gegenübers herumstöbern. Er wird dessen Motive und Wertvorstellungen zu ermitteln suchen mit Fragen nach seinen erfüllten und unerfüllten Wünschen, mit Fragen auch, woran sich sein Gesprächspartner besonders gern, aber auch besonders ungern erinnert. Und niemand wird ihn daran hindern, nicht auch dessen Kleidung, Hände, Tischmanieren, überhaupt die Körpersprache zu einem Gesamtbild zusammenzufügen. Der Morphopsychologe hat aber nicht nur einen geschärften Blick, er sollte auch mit sensiblem Gehör die Nuancen einer Aussage registrieren können.

Zur geistigen Grundausstattung eines Morphopsychologen gehört also auch die Kenntnis von *Sprechstilen,* auf die wir hier nur in kanppster Form eingehen können.

Ein griechischer Philosoph forderte einen Menschen auf: »Sprich, damit ich dich sehe«, und dem französischen Naturwissenschaftler Georges Louis Buffon verdanken wir die gleiche Erkenntnis in ähnlicher Kurzfassung: »Wie der Mensch, so sein Stil: le style c'est l'homme.«

Hier einige Anhaltspunkte, an denen Sie sich orientieren können, wenn Sie durch eine kleine Stilanalyse mehr über eine Persönlichkeit erfahren wollen hinsichtlich einer Abrundung Ihrer morphopsychologischen Erkenntnisse und Vermutungen:

Stileigenheiten:

a) sicher im Ausdruck/unsicher im Ausdruck
b) gewandt im Ausdruck/unbeholfen im Ausdruck
c) präzise und konkret im Ausdruck/verwaschen, unklar, mehrdeutig im Ausdruck
d) zupackend, farbig, bildhaft, originell im Ausdruck/konventionell, vorsichtig, gewunden im Ausdruck
e) natürlich im Ausdruck/gesucht oder gar affektiert im Ausdruck
f) Unverzichtbares feststellend/Überflüssiges anbietend
g) logisch/unlogisch
h) Fakten vorweisend/Vermutungen aussprechend
i) klar im Aufbau der Erzählung des Berichts/verworren im Aufbau
j) reich an Tätigkeitswörtern und arm an Hauptwörtern, vor allem solchen, die auf -ung, -heit, -keit enden/arm an Tätigkeitswörtern und reich an Hauptwörtern

k) viele plastische Vergleiche/wenige plastische Vergleiche
l) das Aktiv bevorzugend/das Passiv liebend
m) kurze Sätze/lange Sätze, Schachtelsätze, Bandwurmsätze
n) eine deutliche, energische Aussprache (auch im Dialekt)/ eine undeutliche, verwaschene Aussprache
o) eine vorwärtsdrängende, flotte Darstellung/eine zögerliche, langweilige Darstellung
p) schnell zur Hauptsache und zum Ziel kommend/geistige Schleifen ziehend
q) ein persönlicher Stil/Modewörter, Schablonen

Sollten Sie auf Anhieb nicht sofort wissen, was diese oder jene Stileigenschaft aussagen könnte, oder Sie interessieren sich insgesamt für Fragen des Sprech- oder Schreibstils – umfassende Auskunft finden Sie in folgenden Werken:

1. ›Stilfibel‹ von Ludwig Reiners, C. H. Beck'sche Verlagsbuchhandlung, München 1963.
2. ›Persönliches Image – Schlüssel zum Erfolg‹ von Alfred J. Bierach, Econ Verlag, Düsseldorf 1986.
3. ›Hinter der Maske: der Mensch – Durchschauen Sie Verstellung und Rollenspiel!‹ von Alfred J. Bierach, Ariston Verlag, Genf/München 1988.

Lech Walesa

Bestechend die Harmonie zwischen den Schichten. Anteilsmäßig dominiert die geistige, gefolgt von der emotionalen. Ausreichend gut entwickelt ist die Vitalschicht. Von dieser Seite sind keine Turbulenzen hinsichtlich Herrschsucht oder Machtstreben zu befürchten.

Die leicht zurückfliehende Stirn (ersichtlich aus anderen Bildern), die gut geformte, geschwungene Nase mit ihren offenen Nasenlöchern, schließlich der unverkrampfte Mund und die Symmetrie des Gesamtgesichts mit wachen Augen weisen einen kompletten, mit sich zufriedenen Menschen aus. Ein Mann, der vor zehn Jahren noch Elektriker war und heute Ministerpräsident sein könnte. Nobelpreisträger. Seine Stirn ist wenig durchmodelliert. Theoretisieren, Programmatisieren zählen nicht zu seinen Stärken – was ja auch nicht die Aufgabe einer Integrationsfigur ist.

Sophia Loren

Sie schrieb einmal: »Augen beherrschen ein schönes Gesicht.« Und mit viel Raffinement macht sie ihre nur mittelgroßen Augen zum Mittelpunkt ihres Gesichts.

Auch bei ihrem sehr großen, dünnlippigen Mund muß sie kräftig mit Farbe nachhelfen. Mund und Augen ziehen den Blick so sehr an, daß man die nicht weniger große Nase mit den eng anliegenden Flügeln zunächst übersieht.

Einige Anzeichen von Reduktion verraten, daß Sophia Loren nicht jene extravertierte, kontaktfreudige Frau ist, deren Rollen sie meist spielt.

Zehn Richtlinien
für ein morphopsychologisches Porträt

1. Stellen Sie zunächst fest, mit welchem *vorherrschenden Gesichtstyp* Sie es zu tun haben; offen, stark reduziert, egozentrisch, reagierend, affektiv.

2. Suchen Sie nach *Subdominanzen:* beispielsweise, ob sich die Stirn aufgerichtet hat oder zurückgewichen ist, ob sich der Gesichtsrahmen gestreckt hat.

3. Untersuchen Sie den *Spannungsgrad* (Hypertonie, Normotonie, Hypotonie) und erkunden Sie, in welcher Schicht sich die möglichen drei Spannungsgrade zeigen: etwa Hypotonie der Vitalschicht, Hypertonie in der emotionalen Schicht und dergleichen.

4. Richten Sie anschließend Ihr Augenmerk auf die *Antennen.* Fragen Sie sich unter anderem: Sind die Ohren fein oder grob, die Nasenflügel eng anliegend oder gut modelliert?

5. Stellen Sie die *vorherrschenden Tendenzen* im Gesicht fest, also die dominante, die subdominante und eventuell die unterentwickelte Schicht.

6. Ermitteln Sie *Asymmetrien* beziehungsweise auffallende *Harmonien* im Gesicht, ferner die Schicht ihres Auftretens.

7. Erforschen Sie soviel wie möglich das vergangene und gegenwärtige *Umfeld* der zu analysierenden Person: Ein schwarzer Rechtsanwalt, der auf einer Eliteuniversität in den USA studiert hat, wird in seiner Körpersprache und Mimik den Weißen der Oberschicht ähnlicher sein als einem farbigen Hilfsarbeiter aus den Slums der Großstädte.

8. Eruieren Sie möglichst viel über ihre Motive, ihre *Motivation,* ihre erfüllten und unerfüllten Wünsche und Hoffnungen.

9. Ziehen Sie Rückschlüsse aus möglichen *Kompensatio-nen,* beispielsweise aus einer negativ auffallenden Kör-perbeschaffenheit, aber auch aus eventuellen seelischen Belastungen.

10. *Seien Sie fair:* Verschweigen Sie lieber eine Erkenntnis oder eine Vermutung, als diese auszusprechen, wenn Sie damit einem Menschen schaden könnten.

Dies heißt jedoch nicht, daß Sie aus Ihren Folgerungen für sich selbst keine Konsequenzen ziehen sollten, beispiels-weise als Kunde, Bekannter, Freund, Personalchef, Unter-gebener, Bewerber.

3

Einzelporträts

Michail Gorbatschow

Vorherrschender Gesichtstyp:	Offen.
Subdominanzen:	Altersbedingte Reduktionen (Nasolabial-falten).
Spannungsgrad:	Normotyp, dessen große, unverkrampfte Intensität aus seinen Augen leuchtet.
Antennen:	Große Augen, Ohren, Nasenflügel und der für Gorbatschows Alter noch jugendliche Mund mit vollen Lippen.

Vorherrschende Tendenzen:	Die Stirn dominiert bis hinein in den kreativen Bereich. Breit, unverkrampft mit einer relativ kleinen Nase dann die emotionale Schicht. Unauffällig die Vitalschicht; sie läßt keine instinktive Brachialgewalt befürchten.

Die Nonchalance des offenen Gesichtstyps verhilft Gorbatschow zur rechten Zeit zur wirkungsvollen Geste, zum passenden Wort und zur geeigneten Mimik.

Als offener Gesichtstyp riskiert Gorbatschow nicht, seine Intelligenz in den Dienst von ideologischen Spekulationen zu stellen, wie dies bei Introvertierten der Fall sein kann.

Asymmetrien bzw. vorherrschende Harmonien:	Keine Asymmetrien, dafür aber ein sehr harmonisches Gesicht.

Umfeld:	Als stark extravertierter Mensch geht Gorbatschow das Risiko ein, seine eigene psychische Problemlosigkeit auch bei anderen vorauszusetzen, und wird damit immer wieder auf Widerstand vor allem in der konservativen Nomenklatura stoßen. Ferner besteht die Gefahr, daß er den Umfang seiner Reformarbeit unterschätzt und er sich in seiner Selbstsicherheit zuviel zugetraut hat. Wie Peter der Große und Lenin müßte er innenpolitisch erheblich rücksichtsloser regieren, was er aber – zum Glück seiner Gegner – nicht kann und nicht will.

George Bush

Vorherrschender Gesichtstyp: Stark reduziert.

Subdominanzen: Streckung der Wangen und Schläfen, was die Persönlichkeit dynamisiert, vor allem weil auch der Muskeltonus erhöht ist.

Antennen: Selbst für einen stark reduzierten Typus noch sehr klein. Groß wie bei Gorbatschow sind lediglich die Ohren, aber noch weniger durchmodelliert. Die Reduktion wird durch diese Art von Antennen verstärkt im Sinn von Introversion.

Spannungsgrad:	Vor allem in der Emotionalschicht beachtlich, welche die Schwierigkeiten des stark reduzierten Gesichtstyps, aus sich herauszugehen, noch verstärkt.
Vorherrschende Tendenzen:	Eine schöne Harmonie der drei Schichten – mit geistiger Vorherrschaft. Die wenig durchmodellierte Stirn läßt auf nur sehr geringe Kreativität schließen.
Asymmetrien bzw. vorherrschende Harmonien:	Weder auf diesem Bild noch bei Fernsehauftritten feststellbar.
Umfeld:	Ein Mann ohne Talent zur Volksmassage (Reagans größte Stärke) und ohne Vision (Gorbatschows Plus); nimmt als braver Schüler monatelang Unterricht bei einem Imageberater, der sich dann öffentlich brüstet, was er seinem folgsamen Zögling alles beigebracht hat.

Sigmund Freud

Vorherrschender Gesichtstyp:

Stark reduziert mit einer beachtlichen Streckung im Wangenbereich, also Dynamisierung.

Subdominanzen:

Die hohen Backenknochen und die feingegliederten Ohren sprechen für große Sensibilität. Dagegen verraten die steile Stirn, die tiefen Falten – vor allem im Nasolabialbereich – , die fast verdeckten Augen und der zu einem Strich zusammengepreßte Mund eine tiefsitzende Introversion. Als dieses Bild entstand (1923), litt Freud bereits seit Jahren an sehr schmerzhaftem Gaumenkrebs.

Spannungsgrad:	Höchste Spannung im geistigen und emotionalen Bereich. Der Kinnbart entzieht die Vitalebene einer Betrachtung.
Antennen:	Mit Ausnahme der Ohren klein, jedoch weisen die sehr plastischen Nasenflügel auf Gegenkräfte, die Freud etwas umgänglicher machten.
Vorherrschende Tendenzen:	Die emotionale Ebene dominiert einmal flächenmäßig, aber auch bedingt durch die kräftige Nase. Am Fuß der Stirn haben sich die Falten in Wülste verwandelt: Ausdruck unablässigen Beobachtens und Reflektierens.
Asymmetrien bzw. vorherrschende Harmonien:	Auch auf anderen Bildern fallen die ungleichen Falten auf Stirn und im Mundbereich auf.
Umfeld:	Der ungemein fleißige und belesene Forscher baute in Jahrzehnten Schritt für Schritt sein System auf – und veränderte es immer wieder. Wenn es heißt, Genialität sei zu fünf Prozent Inspiration und zu fünfundneunzig Prozent Transpiration, dann trifft dies auf Freud zu.

Seine Introversion ging bis zur Menschenscheu. Zwar konnte er im Freundeskreis gesprächig und witzig sein, Fremden gegenüber war er aber abweisend, und war einer seiner Anhänger mal nicht bedingungslos seiner Meinung, konnte er ziemlich unangenehm werden. Aufschlußreich für die starke Introversion: Er, dem wir den revolutionärsten Einblick in die menschliche Psyche verdanken, schätzte viele ihm Nahestehende falsch ein.

Kompensationen: Das Schlüsselwort in Freuds Werk ist die sexuelle Libido. Ob er vor allem seinen eigenen Fall studiert hat? Biographen wollen herausgefunden haben, daß er ab seinem vierzigsten Lebensjahr keine sexuellen Beziehungen mehr zu seiner Frau hatte. Und erst recht nicht zu anderen.

Napoleon I.

Vorherrschender Gesichtstyp: Offen, mit einer enormen Streckung von Wangen und Schläfen und der daraus resultierenden Dynamisierung.

Subdominanzen: Zurückgeneigte Stirn und hervorspringende Nase tragen zur weiteren Intensivierung der Persönlichkeit bei.

Spannungsgrad: Die Totenmaske strahlt eine hoheitsvolle Ruhe aus. Es fällt schwer zu glauben, daß es sich um das Antlitz eines schon Zweiundfünfzigjährigen handelt, der an einem Magen- und Leberleiden gestorben ist.

Antennen:	Groß noch im Tod die Augen, ein jugendlicher Mund, kein Pessimismus in den Mundwinkeln.

An einer anderen Totenmaske sind seine kleinen, wohlgeformten Ohren klar zu erkennen: Hinweis auf große Sensibilität vor allem für die Stimmungen seiner Soldaten, für die er immer die richtigen Worte fand.

Vorherrschende Tendenzen:

Dieser Kopf ist ein Musterbeispiel für den harmonischen Einklang von Geistigem, Emotionalem und Vitalem, die ihm jeweils uneingeschränkt zur Verfügung standen. Gut modelliert auch die Stirn mit leichten Höckern über den Augenbrauen, mit der Reflektionszone in der Stirnmitte und dem oberen Band, das auf Phantasie und Kreativität deutet.

Sehr groß auch die emotionale Ebene, die jedoch an der unteren Seite einsinkt.

Energisch schließlich die Vitalschicht dieses Menschen.

Asymmetrien bzw. vorherrschende Harmonien:

Seine linke Gehirnhälfte wölbt sich stärker hervor, was auf die entsprechende logische Effizienz schließen läßt.

Es gibt einige Abbildungen, die ihn mit leicht schiefer Nase zeigen. Diese Asymmetrien trugen zu seiner inneren Spannung bei und ließen seinen Tatwillen ins Phantastische, Gigantische wachsen und im Ruin enden.

Umfeld:	Dieser aus einem einfachen korsischen Clan stammende Ausnahmemensch erkennt sehr frühzeitig seine charismatische Einzigartigkeit. Mit seinen großen Anfangserfolgen (sechsundzwanzigjährig ist er schon General und Oberbefehlshaber) wachsen Ehrgeiz und Ruhmbedürfnis, bis er schließlich Herr Europas und der Welt werden will, obendrein Begründer einer Dynastie, die den Bourbonen, Habsburgern, Romanows ebenbürtig sein soll. Kurz vor seinem Tod sagt er: »Ich habe nur einen einzigen Feind gehabt, mich selbst.«
Kompensationen:	Sein ganzes Leben war eine einzige Kompensation.

Den Zeitgenossen fiel auf, wie oft sich Napoleons Aussehen im Laufe seines kurzen Lebens geändert hat: Mit sechsundzwanzig Jahren das siegreiche Idol. Jean Ingres skizziert den fünfunddreißigjährigen Kaiser als Beispiel eines überlegenen Introvertierten, der aber wie ein Vulkan jeden Augenblick ausbrechen kann. Zahlreich die Bilder des dann fett gewordenen Monarchen, der nun mit genüßlichem Snobismus Zar Alexander von Rußland und Österreichs Kaiser Franz, aber auch den englischen König mit ›Mein Bruder‹ adressiert; schließlich der Philosoph auf dem windgepeitschten Felsen von Sankt Helena, der mit sich und der Welt ins reine gekommen ist.

Paul Gauguin

Vorherrschender Gesichtstyp:	Affektiv; ein leidenschaftlicher Mensch, der mit kleinen Antennen des Reduzierten oder Reaktiven seine Kämpfe vorwiegend innerlich austrägt.
Spannungsgrad:	Im ganzen Gesicht groß; Ausdruck der Dynamisierung des vorherrschenden Gesichtstyps.
Antennen:	Klein; tiefliegende Augen, angeschmiegte Nasenflügel, angespannte dünne Lippen, auffallend hängende Mundwinkel.

Vorherrschende *Tendenzen:*	Den größten Anteil nimmt die emotionale Ebene ein, was nicht zuletzt durch die sehr große Hakennase betont wird. Die Vitalschicht ist stark genug, um Wünsche durchzusetzen.
	In der Stirngegend fallen die Anzeichen für scharfes Beobachten und Reflektieren auf.
Asymmetrien bzw. *vorherrschende* *Harmonien:*	Die rechte Nasolabialfalte scheint tiefer eingegraben zu sein, dagegen sind der rechte Backenknochen und die rechte Wange insgesamt erhöht: zusätzliche Spannungen im emotionalen Bereich.
Umfeld:	Ein Kleinbürger, Vater von fünf Kindern, entschließt sich, Maler zu werden, verläßt seine Familie und lebt nur noch seiner neuen Leidenschaft, für die er den Preis der Lächerlichkeit, der Krankheit und der Not zahlt.
	Sein Selbstporträt bringt in gedrängter Form zum künstlerisch überhöhten Ausdruck, wie er sich nicht nur selbst gesehen, sondern vor allem auch gefühlt haben muß.

Heinrich VIII.

Vorherrschender Gesichtstyp: Mustergültig egozentrisch.

Subdominanzen: Die steile Stirn erhöht den Grad der Introversion, der Beschäftigung mit sich selbst.

Spannungsgrad: Spannungslos die glatte Stirn. Wir müssen uns aber fragen, ob Hans Holbein der Ältere die Wirklichkeit wiedergab, oder ob er andeuten wollte, daß die Gedankenwelt in diesem Kopf eine geringe Rolle spielt.

Groß dagegen die Spannung im Mundbereich. Bildhaft: Dieser Mund gibt nichts mehr her, was er erst einmal verschluckt hat.

Antennen: Schauerlich klein – so klein, daß sie die Steigerung des Egozentrikers, nämlich den krassen Egoisten, verraten.

Die Oberkante der Ohren sitzt ungewöhnlich hoch. Solche Anomalien können innere Spannung ausdrücken.

Vorherrschende Tendenzen: Eindeutig die Vitalschicht, die so breit wie hoch ist. Die beiden anderen Ebenen können sich nur noch dem Willen unterwerfen.

Asymmetrien: Keine wesentlichen.

Umfeld: Trotz des englischen Frühparlamentarismus versteht er, fast unumschränkt zu herrschen – ein gewalttätiger Tyrann für Freund und Feind. Ähnlich willkürlich, wie er mit seinen Frauen umgeht, verfährt er mit den Besitzungen der katholischen Kirche – aber auch mit denen der Protestanten, wenn sie sich ihm nicht als ›englischem Papst‹ unterwerfen.

Kompensationen: Seine Ausbrüche verschlimmerten sich in dem Maße, in dem seine Syphilis fortschritt.

Vincent van Gogh

Bei diesem Beispiel fasse ich einmal die Einzelergebnisse der strukturierten Analyse zu einer geschlossenen Interpretation zusammen. Die Betrachtung dreier Porträts van Goghs soll uns entscheidende Etappen im Leben dieses »glückhaften Besitzers eines zerrütteten Herzens« (in einem Brief an seinen Bruder Theo) vermitteln – eines »Herzens voller Traurigkeit und letzter Einsamkeit«. Kunst bedeutet ihm Selbstausdruck, Selbstdarstellung, in seinem Fall auch Selbstzerfleischung.

Das Gesicht des Dreizehnjährigen schockiert durch seinen Ernst, die unkindlich steile Stirn, die sehr kleinen, beschatteten Augen, den winzigen asymmetrischen Mund und die ungewöhnlich engen Nasenlöcher. Die geistige Ebene dominiert über die emotionale und die vitale Schicht: Basis für einen Träumer, der mit dieser Welt nicht zurechtkommt.

Der Gesichtsrahmen des Achtzehnjährigen hat sich ebenso vergrößert wie die Nasenlöcher und der Mund, der zudem aufgeblüht ist: eine unübliche Entwicklung. Die normale Tendenz: Mit zunehmendem Alter involviert das Gesicht, so wie die kritikarme Hingabe an die Umwelt einer reflektiveren, kritischeren Einstellung Platz macht. Die Stirn neigte sich nach hinten, die Wangenpartie streckte sich, und die Vitalschicht läßt ebenfalls auf starke Bedürfnisse schließen.

Vincent ist in einer religiösen Umwelt aufgewachsen – sein Vater war Prediger. Als ihm seine Hauswirtin die Hand ihrer Tochter verweigert, will auch er Priester werden, scheitert aber am Seminar. Zwei Jahre lang hungert er nun mit Bergarbeitern und scheitert wieder, diesmal als Missionar. Er kann sich seiner proletarischen Umgebung nicht mitteilen. Kein Wunder bei soviel Introversion. Schließlich verzweifelt er an Gott und beginnt zu malen.

Auf seinem Selbstporträt, einem der allerletzten, zeigt er sich als Affektiver. Er teilt Theo sein »unbefriedigtes Bedürfnis nach Herzensgüte und Mitgefühl« mit und spricht von seinem »brennenden Temperament«, das ihn zwinge, »das Wesentliche zu übertreiben«. Ohne finanzielle Not übertreibt er auch seine Lebensweise: Jahrelang lag auf seinem Tisch nur Brot und stand daneben die Kaffeekanne oder die Flasche.

Seine Einsamkeit drängt ihn zu Prostituierten. An den wenigen Freunden, die ihm helfen wollen, reibt er sich schnell auf und wund, darin ähnlich dem alternden Jean-Jacques Rousseau, der an Verfolgungswahn litt.

Wir wissen wenig über die Ursachen seiner Geisteskrankheit. Nach einem freiwilligen Aufenthalt in einer Nervenheilanstalt schneidet er sich das rechte Ohr ab und schickt es einer Prostituierten. Wie im Fieberrausch wirft er noch schnell lichte, klare Farben auf die Leinwand: Sonnenblumen und nicht enden wollende Weizenfelder. Im Alter von siebenunddreißig Jahren erschießt er sich.

Margaret Thatcher

Vorherrschender Gesichtstyp:

Reduziert.

Subdominanzen:

Die Neigung der Stirn – auf anderen Bildern ersichtlich – wirkt einer zu starken Introversion entgegen. Einen kräftigen Schuß Extraversion verrät auch die Verlängerung im Wangen- und Stirnbereich, ferner die stark hervorspringende Nase. Introversion verleiht Zähigkeit, Extraversion erleichtert den Kontakt zu Menschen, den sie vor allem in Wahlzeiten braucht.

Spannungsgrad:	Intensiv, aber nicht verkrampft.
Antennen:	Die Augen beherrschen trotz ihrer geringen Größe das Gesicht. Die feinen Nasenlöcher und der schön modellierte Mund sprechen für Sensibilität, die allerdings gut getarnt ist. Doch sind auch Momente bekannt, in denen sie ihre Rührung nicht verbergen konnte.
Vorherrschende Tendenzen:	An erster Stelle die Emotionalität, die einer Volksrednerin mehr einbringt als ein überscharfer Intellekt. An zweiter Stelle die geistige Schicht mit einer hohen, wenig modellierten Stirn. Die Dame versteift sich mehr auf bewährte konservative Rezepte als auf die Verwirklichung von Visionen.
Asymmetrien bzw. vorherrschende Harmonien:	Für ihr Alter auffallend faltenlos das Gesicht. Der lange Weg vom väterlichen Kramerladen über zwei abgeschlossene akademische Studien, Mutterschaft, politische Kämpfe und Intrigen, schließlich ein Jahrzehnt höchste Regierungsverantwortung haben in diesem Gesicht keine Spuren hinterlassen.
	Asymmetrie: Verkürzung der Lidfalte am rechten Auge. Wenn diese nicht traumatischer Natur ist, besteht die Möglichkeit, daß Frau Thatcher die Welt mit zwei verschiedenen Augen sieht: zum einen als puritanische Hausfrau, zum anderen als Staatsmann.

Schon als Neunjährige siegte sie in einem Vortragswettbewerb. Der Vater war Laienprediger, und im Hause Thatcher verkehrten auch politische Lokalgrößen. Sie will den gesunden Menschenverstand einer Hausfrau, die zudem noch Chemikerin und Finanzwissenschaftlerin ist, in Politik und Wirtschaft umgesetzt sehen.

Als ältere Dame nahm sie noch Unterricht bei einem Stimmbildner, um tiefer und langsamer sprechen zu lernen.

Neben Golda Meir ist sie die einzige Politikerin, die es aus eigener Kraft zum einflußreichsten Staatsamt gebracht hat.

Kompensationen: Vielleicht revanchiert sie sich manchmal für Demütigungen, die sie einst von männlichen Kollegen erfahren hat. Überhaupt reagieren Frauen in Positionen, die traditionell männliche Bastionen sind, mehr als energisch.

Ihr Balanceakt: Es ist schlecht, wenn sie wie ein Mann sind – und auch wieder nichts, wenn sie kein Mann sind.

Franz Josef Strauß

Vorherrschender Gesichtstyp:	In seinen letzten Lebensjahren affektiv, im mittleren Lebensabschnitt, beispielsweise als Minister in Bonn, vorwiegend offener Gesichtstyp mit unverkennbarer Neigung zum Egozentrischen. Physiognomisch ist Strauß so schwer in eine einzige Kategorie einzuordnen wie psychologisch seine schillernde Persönlichkeit.
Spannungsgrad:	Große Spannung in und über der Augenpartie, vor allem in der Nasenwurzel, dort wo sich scharfes Beobachten, aber auch häufige Gereiztheit in tiefen Falten

und Asymmetrien melden. Der Mund des Gutgelaunten ist ungemacht charmant, der des Redners genußvoll bewegt und energisch und der des Mürrischen bissig zugekniffen.

Die Hypotonie der Muskulatur im Wangen- und Kinnbereich läßt auf einen Menschen mit Gusto auf grob-sinnliche Genüsse schließen.

Antennen: Sie werden immer kleiner, mit Ausnahme der Nase, die sich zu einer unförmigen Knolle entwickelt und die Nasenflügel unter ihrer Masse begräbt.

Die kleinen Ohren deuten auf Sensibilität im Aufnehmen, ohne die ein Erfolgspolitiker nicht auskommt – vor allem nicht ein Volksredner, der, ohne auf irgendwelche Notizen zurückgreifen zu müssen, die Gefühlswelle der Zuhörer schnell erfassen muß, um diese zum Schwingen zu bringen.

Vorherrschende Tendenzen: Eine gute Drittelung mit fast gleichberechtigten Anteilen: Strauß verfügte deswegen über eine große Palette von Fähigkeiten. Die Stirnpartie dominiert, aber ohne Hinweise auf Phantasie, sprich Kreativität. Übrigens bekundet auch seine Handschrift keinerlei Spur von Phantasie oder irgendeiner künstlerischer Begabung.

Er hat sich im Gegenteil sogar über seine Unmusikalität lustig gemacht.

Seine Vision reichte nur aus, Bayern zum höchstindustrialisierten Land zu machen und die jährlichen Zuwachsraten zu erhöhen.

Im Alter verstärkt sich der schon potente Vitalbereich, indem sich über der Kinnmitte ein respektabler Muskel bildet.

Asymmetrien bzw. vorherrschende Harmonien:	Eine dominierende Senkrechtfalte mit Rechtsdrall zwischen den Augenbrauen, ferner ungleich große Augen.
Umfeld:	Der brillante Gymnasiast studiert Griechisch und Latein, vielleicht, um sich vom wenig klassischen Metzgerhaushalt seiner Familie zu distanzieren (Kompensation?). Später unterlegt er seine Reden mit Fremdwörtern und klassischen Zitaten, kann dabei aber nicht den Stolz auf seine Bildung in seinen Augen unterdrücken.

Seine Temperamentausbrüche waren mehr als politisches Theater, sie waren manchmal Eruptionen des Affektiven in einer ansonsten von Politbeamten regierten Bundesrepublik. Das machte seine Auftritte so farbig für Anhänger und Gegner – selbst für Neutrale –, und ihn zum Ausnahmepolitiker.

Kurt Waldheim

Vorherrschender Gesichtstyp: Reduziert mit kleinen Augen, verdeckten Nasenlöchern und einem dünnlippigen Mund.

Subdominanzen: Die leicht fliehende Stirn, die große, vorspringende Nase und die Streckung der Wangen und Schläfen dynamisieren das Gesicht.

Spannungsgrad: Normotonus im vitalen und emotionalen Bereich, dagegen Spannungslosigkeit in der intellektuellen Schicht, was auf ziemlich geringe Nachdenklichkeit schließen läßt.

Antennen:	Mund und Ohren sind groß, aber wenig modelliert, was auf geringe Sensibilität deutet.
Vorherrschende Tendenzen:	Die emotionale Schicht (größte Höhe und Breite, fleischig-grobe Nase, sperrige Ohren), insgesamt eine grob-sinnliche Emotionalität. Auffallend ungestaltet die Stirn.
Asymmetrien bzw. vorherrschende Harmonien:	Das linke Ohr steht mehr ab als das rechte und sitzt auch höher, wie beide insgesamt anomal hoch angewachsen sind. Das rechte Auge ist kleiner als das linke. Die große Nase ist so asymmetrisch, daß die Nasolabialfalten verzogen sind. Insgesamt befindet sich an diesem Menschen viel Schiefes. Wenn Sie mit einem Taschenspiegel abwechselnd die linke und die rechte Gesichtshälfte abdecken, sehen Sie zwei grundverschiedene Typen.
Umfeld:	Hört man ihn englisch sprechen, fällt es schwer zu glauben, daß wir es mit einem Berufsdiplomaten und ehemaligen Generalsekretär der UNO zu tun haben.

Helmut Kohl

Vorherrschender Gesichtstyp: Offen.

Subdominanzen: Keine, außer leichten Reduktionen, aber Dynamisierung durch Längenwachstum im Wangen- und Schläfenbereich.

Spannungsgrad: Bei Widerstand verspannen sich sehr stark Stirn und Mund. Wenn er redet, ist sein Gesicht entspannt. Muß er Neues formulieren, verspannen sich Stirn und Mund.

Beim Sprechen bewegt Kohl kaum Lippen und Unterkiefer, was auch ein Grund für seine mangelnde Mimik ist. Weil diese nicht unterstreicht, was seine

Worte sagen, wirkt er oft nicht überzeugend. Einer verwaschenen Aussprache fehlt stets der gebotene Nachdruck.

Antennen: Mittelgroß in einem großen Gesichtsrahmen, aber genügend Hinweis dafür, daß ein solcher Mensch schnell oberflächlichen Kontakt findet.

Außer den Stirnfalten deutet in seinem Gesicht nichts auf Introversion. Über Probleme nachzusinnen ist nicht seine Sache – vorausgesetzt, daß ein Extravertierter außer dem Naheliegenden überhaupt Sinn für Hintergründiges hat. Daß Kohl nicht zuhören kann, darüber klagen viele seiner Mitarbeiter – aber auch darüber, daß er kaum oder schlecht vorbereitet selbst in Konferenzen mit Staatschefs geht. Vernichtend ist Thatchers Urteil über Kohls hohlen Verhandlungsstil.

Vorherrschende Tendenzen: Die dominierende Vitalschicht ließ Kohl zwanzig Jahre um die Kanzlerschaft kämpfen, gibt ihm als Kanzler das Gefühl, die Bundesrepublik sei sein angestammtes Revier, und läßt ihn sogar die geistige Schicht in den Dienst der Vitalschicht stellen, wenn es um die Verteidigung seiner persönlichen Macht geht.

Asymmetrien bzw. vorherrschende Harmonien: Asymmetrische Stirnfalten. Dabei müßte man ihm einige leichte Asymmetrien wünschen, das Symbol für innere Unruhe, als Mittel gegen seine verdächtige Selbstzufriedenheit.

Rita Süssmuth

Vorherrschender Gesichtstyp: Offen.

Subdominanzen: Nur mäßige Dynamisierung des offenen, anpassungsfähigen Charakters (Strekkung der Wangen und Schläfen gering) im Vergleich etwa zu Margaret Thatcher oder Indira Gandhi.

Spannungsgrad: Vorwiegend über den Augen als sichtbarer Ausdruck ihres Sprechdenkens. Rita Süssmuth wartet nicht mit fertigen Antworten auf, sondern denkt sie durch, während sie spricht. In ihrem Bemühen um ausgewogene Antworten liegt ein Teil ihres Charmes und ihrer Glaubwürdigkeit.

Antennen: Große Augen, der Blick wach und intensiv; die Ohren scheinen eher durch Ausmaß als durch feine Modellation zu imponieren. Sehr feine Ohren würden ihre Sensibilität erhöhen, was ihr im rüden Politikgeschäft eher schaden als nützen könnte. Der breite Mund mit den noch vollen Lippen ist frei von Verbiesterung. Die breitrückige Nase erweitert sich zu einer Rundung mit ungewöhnlich kräftigen Nasenflügeln.

Vorherrschende Tendenzen: Wenngleich die Haare einen Großteil der Stirn verdecken, scheint doch die emotionale Schicht zu dominieren. Gut entwickelt auch die Vitalebene, die ihr Stehvermögen für den Job einer Berufspolitikerin gibt.

Asymmetrien bzw. vorherrschende Harmonien: Von beiden nichts erkennbar.

Umfeld: Aus verschiedenen Gründen schieben die Parteien einige Vorzeigedamen ins Rampenlicht. Wer eignet sich dazu besser als eine Professorin, die zu klug ist, um zu dozieren; gewinnend, aber nicht hübsch; sehr fraulich und für eine Politikerin auffallend offen; emotioneller als intellektuell – kurzum: jemand, den man gern als Nachbarin hätte.

Adolf Eichmann

Vorherrschender Gesichtstyp:	Stark reduziert, also ein überaus introvertierter Mensch.
Subdominanzen:	Seine verknautschte Physiognomie voller Höcker, Ecken, Dellen und tiefgefurchter Falten macht ihn zum stark Affektiven. Als Introvertierter reagiert er aber seine Spannungen nicht in abrupten Ausbrüchen ab.
Spannungsgrad:	Muster eines verkrampften Menschen mit Spannungen in und zwischen den Augenbrauen, im Wangen-, Mund- und Kinnbereich. Links in der Vitalschicht ein tiefes Grübchen. Selbst der Hals ist

noch verspannt wie der eines Lastenträgers oder eines schlechten Sängers, der einen hohen Ton herauspreßt.

Antennen:

Die sehr kleinen Augen liegen außerdem noch tief drinnen (Introversion). Das linke Ohr scheint mehr abzustehen als das rechte, außerdem sitzt es höher. Eng liegen die Nasenflügel an, und die Nasenspitze wölbt sich schnabelartig nach unten: Hinweis auf Spannungen und Introversionsverstärker.

Vorherrschende Tendenzen:

Die emotionale Ebene überwiegt, nicht zuletzt durch die große Hakennase und die abstehenden Ohren. Außerdem verrät die Streckung im Wangenbereich eine Aktivierung des Emotionalen.

Denken wir uns einen normalen Haaransatz hinzu, dann fällt der geringe Anteil der geistigen Schicht auf. Schon über den Augenbrauen sinkt sie nach beiden Seiten ein, so daß ihre frontale Fläche von einer Streichholzschachtel abgedeckt werden könnte.

Auffallend stark entwickelt die beiden Stirnhöcker im Phantasiebereich.

Asymmetrien bzw. vorherrschende Harmonien:

In diesem Gesicht ist alles asymmetrisch: die beiden Stirnhöcker, die Senkrechtfalten zwischen den Augenbrauen, eine geschwulstähnliche Verdickung auf der linken Augenbraue, die Nase, die Nasolabialfalten, der Mund, vorwiegend die Oberlippe, die Kinnspitze.

Dem Autor ist unbekannt, ob Eichmann die Juden gehaßt hat, also Überzeugungstäter war, oder nur der gutbezahlte Schreibtischmörder eines Beamtenapparats. Vielleicht war dieser innerlich chaotische Mensch dafür dankbar, klare Befehle zu erhalten, weil er sich selbst nicht mehr steuern konnte.

Warum sah man aber Hitler oder Hermann Göring, Josef Stalin oder Lawrenti Pawlowitsch Berija nicht die verbrecherische Potenz an?

Ich kann auf die Motivationen eines Menschen nur schlußfolgern, wenn ich ihn ausgiebig befragen oder lange genug seine Handlungsweisen beobachten konnte, aber dann muß ich immer noch mit seiner Verstellung rechnen oder mit seiner Unkenntnis über seine eigenen Motive.

Vielleicht wäre Eichmann zu anderer Zeit ein verzückter Heiliger geworden, ideales Motiv für El Gréco. Vielleicht hätte es Stalin unter Peter dem Großen oder Katharina II. zum Postmeister in einem Kleinstädtchen gebracht und Berija zu einem sittenstrengen Rabbi. Vielleicht wäre im 19. Jahrhundert der Möchtegern-Maler Hitler Baumeister im Innviertel geworden. Oder großer Kanzelredner, ein moderner Abraham a Sancta Clara.

Hitler war wie Eichmann ein Affektiver, wesentlich weniger reduziert, ein redesüchtiger Schauspieler, wahrscheinlich der größte Theatraliker der Weltbühne. Sein Glück und unser Unglück war, daß er im Deutschland von 1920 bis 1939 besonders viele Themen fand, die ihm lagen.

Während der atheistischen Tage der Französischen Revolution hätten sich vielleicht Philipp II. und sein Henkersknecht Herzog Alba als Spezialisten zur Bekämpfung des Aberglaubens hervorgetan, während sie sich zu ihrer Zeit nur als Experten für die Verbrennung von Protestanten bewähren konnten.

Die Morphopsychologie kann nur aufzeigen, welche Möglichkeiten in einem Menschen stecken – nicht aber, was er damit anfängt.

Wer Ihnen mit einer anderen Methode mehr verspricht, ist entweder ein Phantast oder ein Betrüger.

Schlußwort

Das Leben gleicht nicht einer Schachpartie, bei der jeder die gleiche Ausgangsposition hat. Eher erinnert es an ein Kartenspiel, bei dem bereits der Zufall beim Austeilen mitbestimmt. So versteht dann jemand, aus einem ungünstigen Blatt das Beste zu machen, während ein anderer, die Hand voller Trümpfe, verliert.

Die Morphopsychologie kann nur herausfinden, welche Asse und welche Luschen einer aus der Hand einer launischen Schicksalsgöttin erhalten hat, nicht aber, was er damit anfängt. Natürlich weiß die Morphopsychologie auch nichts darüber auszusagen, mit wem sich jemand an den Spieltisch setzt; ob mit Stümpern, mit fairen Könnern oder mit erkannten oder unerkannten Kartenhaien und anderen Dunkelmännern.

Und trotzdem wird Ihnen jeder Kartenspieler recht geben, wenn Sie meinen: Es bedeutet schon etwas, das Kartenblatt eines Mitspielers zu kennen. Und vielleicht auch seine eigenen Karten einmal mit kritischeren Augen zu sehen.

Was immer Sie mit der Morphopsychologie anfangen – viel Spaß und viel Erfolg! Gehen Sie behutsam und mit realistischem Augenmaß an die Anwendung der in diesem Buch gewonnenen Erkenntnisse, Einsichten und ›Instrumente‹ auf dem schwierigen Gebiet der Menschenkenntnis und -beurteilung heran! Dann werden Sie mit der Zeit das intuitive Gespür und den sicheren Blick entwickeln, um das jeweilige Gegenüber besser einschätzen – und verstehen – zu lernen.

Literaturhinweise

Bierach, Alfred J.: Persönliches Image – Schlüssel zum Erfolg. Düsseldorf 1986.

Bierach, Alfred J.: Hinter der Maske: der Mensch – Durchschauen Sie Verstellung und Rollenspiel! Ariston Verlag, Genf/München 1988.

Bierach, Alfred J.: NLP – Die letzten Geheimnisse der Starverkäufer. Landsberg a. L. 1989.

Bonnafont, Claude: Die Botschaft der Körpersprache – Was mehr als tausend Worte sagt. Ariston Verlag, Genf/München 1979.

Corman, Louis: Visages et caractères. Paris 1985.

Delacour, J. B.: Das große Lexikon der Charakterkunde. Herrsching 1980.

Ekman, Paul: Telling Lies. New York 1985.

Ekman, Paul: Gesichtsausdruck und Gefühle. Paderborn 1988.

Fournols, Claudine: La verité des visages. Paris 1989.

Krusche, Helmut: Spontan Ihr Gegenüber erfassen – Menschenkenntnis intuitiv. Ariston Verlag Genf/München 1987.

Kurth, Hanns: Menschenkenntnis auf den ersten Blick – Praktische Anleitung zur Charakterdeutung. Ariston Verlag Genf/München 1972.

Lersch, Philipp: Gesicht und Seele. München 1943.

Lewis, Byron A. und Pucelik, F.: Magic Demystified. Portland 1982.

Nierenberg, G. und Calero, H.: How to read a person like a book. New York 1971.

Reiners, Ludwig: Stilfibel. München 1963.

Rückle, Horst: Körpersprache für Manager. Landsberg a. L. 1987.

Spieth, Rudolf: Erfolg durch Menschenkenntnis. München 1984.

Spinetta, Jean: Le visage, reflet de l'âme. St.-Jean-de-Braye 1987.

Thiel, Erhard: Die Körpersprache verrät mehr als tausend Worte. Ariston Verlag Genf/München 1986.

Young, Lailan: Was Gesichter verraten – Chinesische Physiognomik. Berlin 1987.